표준보육과정/누리과정에 기초한

# 놀이중심 영유아 과학교육

| 김혜금 · 임양미 · 김혜경 공저 |

Science Education for
Young Children

학지사

머리말

영유아는 타고난 과학자다. 영유아는 끊임없이 주변 환경에 호기심을 가지고 탐색하고자 한다. 나비, 지렁이, 매미, 잠자리, 귀뚜라미 등 온갖 곤충과 벌레들의 생김새, 소리, 움직임에 놀라고 나뭇잎을 기어가는 애벌레, 거미가 만든 집, 힘차게 날아오르는 새를 보면서 신기해하며 개나리, 민들레, 해바라기, 코스모스 등 각양각색의 꽃향기와 색깔에 경이로움을 갖고 관찰한다. 또한 달과 별, 밤하늘의 은하수를 보면서 우주에 대한 외경심을 느끼고 지적 탐구심을 북돋운다. 그리고 나뭇잎 모양을 비교해서 크기별로 모으는가 하면, 돋보기로 나뭇잎을 관찰하고, 나뭇잎 배나 종이배를 물에 띄우며, 식물의 잎을 관찰하면서 열광한다.

영유아가 주변의 사물과 환경에 호기심을 보일 때 교사의 적절한 반응과 자극은 주변 환경을 탐색하고자 하는 영유아의 과학적 태도를 증진시킬 수 있다. 즉, 영유아가 호기심을 가지고 주변 환경을 관찰하고, 비교하고, 측정하고, 실험해 보고, 의사소통하는 과정을 도와주고 촉진하는 교사의 행동과 설명은 영유아가 과학의 기본 개념을 체득하고 과학적 사고를 키우며 과학적 기술을 습득할 수 있도록 한다.

과학교육은 영유아가 주변 환경에 대해 호기심을 가지기 시작할 때 자연스럽게 실시될 수 있다. 영유아는 모래놀이를 하면서 모래의 촉감을 즐기고 모래에 물이 스며드는 것을 관찰한다. 또한 물놀이를 하면서 물의 감촉을 느끼고, 물에 뜨는 물건과 가라앉는 물건을 분류한다. 비가 오거나 눈이 내릴 때에는 왜 비가 오거나 눈이 내리는지, 빗물은 어떻게 만들어지는지 그리고 눈이 녹으면 어떻게 되는지를 관찰하고 실험함으로써 과학적으로 생각하고 탐구하는 태도를 기를 수 있다. 과학활동에 참여하면서 영유아는 논리적이고 합리적인 사고를 하는 방법을 배우고 인과관계를 알게 된다. 주변의 모든 사물과 현상이 과학활동의 주제가 될 수 있으며, 영유아가 흥미를 보일 때 교사는 과학적 탐구방법을 소개하고 적용해 보게 할 수 있다.

영유아 과학활동의 지도는 영유아의 연령별로 발달수준에 적합한 과학활동을 계획하고 실시하고 평가하면서 영유아의 과학적 지식, 태도, 기술이 향상되도록 하는 데 의미가 있다. 어린이집과 유치원에서 영유아를 지도하는 교사가 과학활동에 관심을 가지고 영유아와 과학활동을 하는 것을 즐길 때 영유아는 과학을 좋아하게 되고 즐길 수 있게 된다. 과학에 대한 긍정적인 태도는 과학적 지식과 기술을 습득하는 것보다 더 우선시되어야 하며, 이를 통해 과학적 지식과 기술은 더욱 고취될 수 있다.

이 책은 영유아의 발달단계에 따른 과학적 소양의 발달을 돕고 3차 어린이집 표준보육과정에 기초하여 영아와 유아의 발달수준에 적합한 과학활동을 제공하고자 하였다. 이를 위하여 이 책은 이론 부분과 실제 부분으로 구성하였다. 이론 부분인 제1부는 제1장에서 제5장으로 이루어져 있으며 임양미 교수가 집필하였다. 제5장의 3. 과학활동을 위한 환경과 실제 부분인 제2부의 '만 0~2세 영아를 위한 과학교육'은 김혜경 원장이 집필하였다. 그리고 제2부의 '만 3~5세 유아를 위한 과학교육'은 김혜금 교수가 집필하였다. 이 책은 영유아를 지도하는 교사 및 예비교사를 대상으로 과학에 대한 제 이론을 소개하고 영아와 유아의 발달수준별로 적합한 활동을 표준보육과정에 근거하여 적용할 수 있도록 집필진 모두가 노력하였다. 특히 영유아의 과학에 대한 개념 발달에 대해 상세히 살펴보고 3차 어린이집 표준보육과정을 토대로 연령별로 적합한 과학활동을 소개하였다.

영유아를 담당하게 될 예비교사와 현장에서 열심히 영유아를 지도하고 계시는 교사들에게 이 책이 과학활동을 계획하고 실행하고 평가하는 데 도움이 되기를 바라며, 출간을 위해 도움을 아끼지 않으신 학지사 김진환 사장님, 완성도 높은 교재를 만들기 위해 끝까지 수고하신 편집부 선생님들께 심심한 감사의 말씀을 드린다.

2016년 1월

집필진 일동

# ★ 차 례

**제2부**

**만 3~5세 유아를 위한 과학교육**

제1부

영유아
과학교육의
이해

# 제1장

# 영유아 과학교육의 중요성과 목표

✒️ **학습개요**

이 장에서는 영유아 과학교육의 중요성 및 표준보육과정에서 제시한 영유아 과학교육의 목표를 살펴보고자 한다.

✒️ **학습과제**

1. 영유아 과학교육이 중요한 이유는 무엇인가?
2. 영유아 과학적 소양을 배양하기 위한 영유아의 연령별 과학교육의 목표는 어떠한가?

## 1. 영유아 과학교육의 중요성

영유아기 시기의 과학교육의 중요성은 사회적 인재상과 영유아기 발달적 특성을 통해 설명될 수 있다. 우선 현대 사회는 과학기술의 발전과 함께 도래된 첨단과학 문명으로 인해 과학적 방법으로 문제를 해결하는 과학적 소양(scientific literacy)이 강조되고 있다(박미자, 정상녀, 박형신, 2010). 또한 미래 사회에는 수학과 과학적 소양 및 능력이 일상생활을 영위하기 위한 보편적인 능력이 됨과 동시에 새롭게 대두되는 다양한 직업 등이 수학과 과학적 능력을 갖춘 인재를 요구할 것으로 전망되고 있다(Sprung, 1996). 이러한 주장을 반영하듯이 우리나라에서는 2011년 과학, 기술, 공학, 예술과 수학(science, technology, engineering, arts, & mathematics: STEAM) 교육 강화를 바탕으로 과학기술에 대한 흥미와 이해를 높이고 융합적 사고와 문제해결능력을 배양시킬 수 있는 미래형 융합인재교육 추진을 강조한 바 있다(교육과학기술부, 2010). 특히 STEAM 교육에서 과학은 핵심 키워드로 자리 잡고 있어 글로벌 창의인재를 육성하기 위해서 과학교육이 더욱더 내실 있게 추진될 필요성이 제기되고 있다(김치곤, 2012).

과학적 소양은 영유아기부터 형성될 필요가 있다. 과학은 새로운 것에 대한 인간의 호기심에서 출발하는 활동으로(Ziman, 1976), 인간은 태어나면서부터 사물, 사람, 자연현상에 대해 많은 호기심을 가지고 탐구하며 문제에 직면할 경우 이를 해결하기 위해 적극적으로 행동하는 과학자적 성향을 가지고 있다(Chaille & Britain, 2003; Worth & Grollman, 2003). 이러한 성향은 과학적 자아(scientific self)로 표현되며(Harlan, 1980), 주변환경과 상호작용을 통해 과학적 소양으로 발전하게 된다. 따라서 영유아기의 과학교육은 유아의 타고난 호기심을 조장하며 과학적 소양을 발달시킬 수 있는 환경을 제공하고 과학적인 탐구능력과 태도를 갖추는 것에 초점을 맞출 필요가 있다.

## 2. 영유아 과학교육의 목표

우리나라 국가단위 보육과정인 표준보육과정과 누리과정에서 과학교육의 목적을 담고 있는 영역은 자연탐구 영역이다. 표준보육과정은 어린이집에서 보육되는 영아(만 0~2세)에게 적용되며, 누리과정은 유아(만 3~5세)에 적용된다.

표준보육과정과 누리과정의 자연탐구 영역에 제시된 과학교육의 목표는 〈표 1-1〉에 제시된 바와 같다(보건복지부, 2013).

〈표 1-1〉 표준보육과정 및 누리과정의 자연탐구 영역의 목표

| 표준보육과정 | | 누리과정 |
|---|---|---|
| 만 0~1세 보육과정 | 만 2세 보육과정 | 만 3~5세 보육과정 |
| • 보고 듣고 만지면서 주변 환경에 관심을 갖는다. | • 주변 환경에 호기심을 갖고 탐색하기를 즐긴다. | • 호기심을 가지고 주변 세계를 탐색하며 일상생활에서 수학적·과학적으로 생각하는 능력과 태도를 기른다. |
| ① 주변 사물에 대한 탐색을 시도한다. | ① 호기심을 가지고 주변 세계에 대해 다양하게 탐색한다. | ① 주변의 사물과 자연세계에 대해 알고자 하는 호기심을 가지고 탐구하는 태도를 기른다. |
| ② 주변에서 일어나는 수학적 상황을 지각한다. | ② 주변에서 경험하는 수학적 상황을 인식한다. | ② 생활 속의 여러 상황과 문제를 논리·수학적으로 이해하고 해결하기 위한 기초능력을 기른다. |
| ③ 감각과 조작을 통하여 주변 사물과 자연환경에 대해 지각한다. | ③ 다양한 탐색을 통하여 주변 사물과 자연환경을 인식한다. | ③ 주변의 관심 있는 사물과 생명체 및 자연현상을 탐구하기 위한 기초능력을 기른다. |

## 1) 만 0~1세

만 0~1세 자연탐구 영역의 목표는 주변 사물과 자연환경에 대해 관심을 갖고 탐색하기를 즐기는 태도와 일상생활 경험을 통하여 수학적·과학적 기초 지식을 구성하는 능력과 능동적으로 탐색하는 태도를 기르기 위한 것이다.

### (1) 주변 사물에 대한 탐색을 시도한다

0~1세 영아기는 자신을 둘러싸고 있는 주변 사물을 눈으로 응시함과 동시에 들려오는 소리에 관심을 보이고 나와 주변 사물을 감각으로 탐색하며, 주변 사물에 대해 의도적으로 탐색을 시도하는 시기다. 영아가 주변의 여러 가지 사물과 자연 세계에 대해 관

심을 가지고 탐색하는 것은 탐구하는 태도를 기르는 기초가 된다. 따라서 영아가 주변의 여러 가지 사물에 대해 호기심을 가지고, 자신과 주변 사물을 감각으로 탐색하며, 주변의 사물에 대해 의도적인 탐색을 시도할 수 있도록 하는 데 중점을 둔다.

### (2) 주변에서 일어나는 수학적 상황을 지각한다

0~1세 영아는 생활용품, 놀잇감 등 주변의 여러 사물에 관심을 가지고 놀면서 사물과 상황이 가진 기초 수학적 특성을 지각하게 된다. 따라서 영아가 놀이와 일상생활 장면에서 수량을 지각하고, 주변 공간을 탐색하며, 간단한 규칙성을 지각하는 것에 중점을 둔다.

### (3) 감각과 조작을 통하여 주변 사물과 자연 환경에 대해 지각한다

0~1세 영아기는 일상생활의 친숙한 물체와 물질들을 교사와 함께 탐색하면서 주변 동식물의 모양, 소리, 움직임에 관심을 가지고, 돌, 물, 흙 등의 자연물을 감각으로 느껴 보며, 일상생활에서 놀잇감과 생활도구와 상호작용함으로써 스스로 주변 물체와 물질, 동식물, 자연물, 날씨, 생활도구 등에 대한 지식을 구성하게 된다. 따라서 영아가 주변 동식물과 자연에 관심을 가지고, 물체와 물질 및 생활도구를 탐색하는 데 중점을 둔다.

## 2) 만 2세

2세 영아는 주변 세계에 대해 지각하는 수준에서 벗어나면서, 점차 감각 경험을 통해 사물과 상황에 개인적 의미를 구성해 가게 된다. 따라서 만 2세 영아의 자연탐구 영역의 목표는 주변 환경에 호기심을 갖고 탐색하기를 즐기는 것이다. 자연탐구 영역의 목표를 달성하기 위해서 영아가 주변 환경과 자연 세계에 관심과 호기심을 유지하면서, 관심 있는 사물을 능동적으로 탐색하는 것을 즐길 수 있도록 지원하고, 일상생활 속에서 통합적인 경험을 통해 수학적·과학적 기초개념을 자연스럽게 인식할 수 있도록 하는 데 중점을 둔다.

### (1) 호기심을 가지고 주변 세계에 대해 다양하게 탐색한다

만 2세 영아는 호기심을 가지고 관찰한 사건이나 상황에 대해 다양하게 탐색을 반복한다. 이러한 탐구하는 태도는 논리·수학적 사고 및 과학적 탐구능력과 밀접하게 관련되어 있다. 2세 영아는 주변의 사물과 자연환경을 인식하고 반복적으로 탐색하면서 호기심을 해결해 간다. 따라서 만 2세 영아는 주변의 사물과 자연 환경에 관심을 가지고 궁금해 하므로, 교사는 관심 있는 사물에 대해 영아가 스스로 반복적으로 여러 가지 탐색을 즐길 수 있도록 지원해 주어야 한다.

### (2) 주변에서 경험하는 수학적 상황을 인식한다

만 2세 영아는 주변 사물과 상황을 능동적으로 탐색하면서 자연스럽게 수량을 인식하고, 공간과 도형, 차이, 단순한 규칙성에 관심을 가지게 된다. 영아는 반복적인 탐색과 다양한 조작활동을 통해 주변의 여러 상황과 문제를 경험하게 되면서 수학적 상황을 인식하고, 자연스럽고 수학적 기초지식을 구성해 간다. 따라서 영아가 수학적 탐구를 통해 수량을 인식하고, 공간과 도형, 차이, 단순한 규칙성에 관심을 가지며 주변 사물을 같고 다름에 따라 구분해 보는 활동을 통하여 수학적 상황을 인식하고 기초 지식을 형성하도록 지원하여야 한다.

### (3) 다양한 탐색을 통하여 주변 사물과 자연환경을 인식한다

2세 영아는 주변 사물과 자연환경에 대해 호기심을 가지고 만져 보고 움직이거나 떨어뜨려 보고, 던져 보고, 굴려 보고 섞어 보는 등의 다양한 탐색행동을 한다. 교사는 영아가 자신의 탐색 행동과 결과를 관련지을 수 있도록 적절한 언어적 상호작용을 해 주거나, 자발적이고 다양한 탐색을 통하여 물질의 변화과정을 인식하도록 도와주어야 한다. 그 결과 영아는 주변 사물과 자연환경을 인식하고, 자연스럽게 과학적 기초지식을 구성해 나가게 된다. 따라서 2세 영아가 친숙한 물체와 물질, 주변 동식물과 돌, 물, 모래 등의 자연물을 능동적으로 탐색하며 생활 속에서 간단한 도구를 사용하도록 하는 데 중점을 둔다.

## 3) 만 3~5세

만 3~5세 자연탐구 영역의 목표는 유아가 주변의 사물이나 자연 현상에 대해 호기심을 가지고 탐구하는 태도를 기르는 데 있다. 또한 유아가 생활 속에서 부딪히는 문제를 논리적·수학적으로 해결하고, 관심 있는 사물과 생명체 및 자연현상에 대해 탐구하면서 기초적인 수학적·과학적 사고 능력과 태도를 기르는 데 있다. 유아기는 주변에 대한 호기심으로 끊임없이 질문을 제기하며 알고자 하는 욕구가 강한 시기다. 유아기의 이러한 지적 호기심과 탐구심은 사고력 발달의 토대가 된다. 따라서 자연탐구 영역은 호기심을 가지고 주변 세계를 탐구하며, 일상생활에서 수학적·과학적으로 생각하는 능력과 태도를 기르는 데 그 목표를 두고 있다. 탐구하는 태도를 형성하기 위해서 유아의 관심을 확장시켜 주고 궁금한 것을 해소하기 위한 탐구활동을 지원함으로써 유아가 탐구하는 과정을 즐기도록 한다. 또한 유아가 탐구하는 과정 속에서 스스로 수학적·과학적 지식을 구성하고, 이를 토대로 문제해결 능력을 기르는 데 중점을 둔다.

### (1) 주변의 사물과 자연 세계에 대해 알고자 하는 호기심을 가지고 탐구하는 태도를 기른다

탐구는 호기심을 유지하고 확장하여 관심을 둔 사물과 사건에 대해 사고하며 문제를 해결해 가는 과정이다. 유아는 궁금한 것에 대한 탐구를 함으로써 사물에 대한 새로운 인식을 하게 되고 스스로 생각하는 힘을 가지게 된다. 따라서 유아가 궁금한 점을 알고 싶어 하는 마음을 가지고 의문을 풀기 위해 지속적으로 필요한 것을 조사하여 찾아내거나 얻어내는 탐구과정을 즐기는 태도를 기르도록 한다. 또한 관찰, 분류, 측정, 예측, 추론 등의 탐구기술을 활용하는 능력을 기르도록 한다.

### (2) 생활 속의 여러 상황과 문제를 논리·수학적으로 이해하고 해결하기 위한 기초 능력을 기른다

수학적 능력은 논리적이며 합리적인 문제해결 능력의 기초가 되며, 지식 정보화 사회에서 개인 및 국가의 경쟁력 강화를 위한 필수적인 능력이다. 수학적 능력은 직관이나 구체적인 경험을 통한 통찰로부터 시작하여 추상적인 수학적 관계나 형식, 원리의 이해로 발달된다. 유아기는 이러한 수학적 능력의 기초를 구축하는 시기이므로 유아가 생활 속에서 다양한 수학적 경험을 하는 것이 중요하다. 따라서 유아가 놀이, 게임, 생활 속의 문제해결과 같은 구체적 경험을 통해 수량관계, 공간과 도형, 측정, 규칙성, 자료수집과 정리 등에 관한 기초 지식을 구성하고 논리적·수학적으로 사고하는 능력을 기르도록 한다.

### (3) 주변의 관심 있는 사물과 생명체 및 자연 현상을 탐구하기 위한 기초 능력을 기른다

유아는 생활 속에서 여러 가지 사물이나 자연물, 생명체 및 자연 현상과 접하면서 이에 대해 관심을 갖게 되고 알아가고자 한다. 특히 과학과 공학기술의 발전으로 인해 유아의 생활 속에 과학과 공학이 차지하는 비중이 급속히 증가하면서 그 관심의 폭은 더욱 넓어지고 있다. 유아는 주변의 사물과 자연현상을 지속적으로 탐구하는 과정을 통하여 자연세계를 알아가고 발전된 과학기술을 생활 속에서 활용할 수 있음은 물론 자연과 인간이 더불어 살아가는 것이 중요함을 경험하게 된다. 따라서 유아기 동안 주변 세계의 다양한 물체와 물질을 탐색하고, 생명체와 자연환경과 자연현상을 알아보며, 간단한 도구와 기계를 활용하는 능력을 기르도록 한다.

# 제2장

# 영유아 과학교육 기초이론

🚀 **학습개요**

이 장에서는 영유아 과학교육에 영향을 미친 피아제, 비고츠키, 브루너의 이론의 주요개념과 과학교육에 대한 시사점을 알아본다.

🚀 **학습과제**

1. 피아제와 비고츠키 이론이 영유아 과학교육에 시사하는 점은 무엇인가?
2. 브루너의 발견학습과 나선형 교육과정의 개념은 무엇인가?

# 1. 피아제

1896년 스위스의 뉴샤텔(Neuchatel)에서 태어난 장 피아제(Jean Piaget)는 영유아의 사고의 구조가 성인과 다르다는 점을 주장하면서, 영유아기의 인지발달 이론을 완성한 심리학자다. 피아제는 자신의 세 자녀와 다른 영유아의 관찰과 면담을 통해 독창적인 인지발달 이론을 주장하였으며 그의 이론은 인지적 구성주의(cognitive constructionism)로 칭해지고 있다.

## 1) 주요개념

피아제의 주요개념은 인지구조, 인지과정, 인지발달 단계로 나누어 설명할 수 있다.

### (1) 인지구조

인지구조는 도식(schema)이라는 용어로 칭해지며 사물이나 사건을 이해하는 틀이다.

도식은 연령이 증가함에 따라 다양한 형태로 나타나며 감각운동도식(sensory motor schema), 상징도식(symbolic schema), 조작도식(operative schema)으로 구분된다(성현란, 이현진, 김혜리, 박영신, 박선미, 유연옥, 손영숙, 2004).

감각운동도식은 선천적으로 태어나는 반사행동(예: 빨기반사, 잡기반사)을 통해서 사물과의 반복적인 상호작용을 통해 형성되기 시작한다. 예를 들어, 영아가 '공'에 대한 지식은 내가 손으로 밀면 굴러가는 사물이며, '컵'에 대한 지식은 내가 물을 먹을 수 있는 사물인 것이다. 이러한 반사행동을 통해 습득된 감각운동도식은 이후 지속적으로 수정되며 새로운 도식이 추가되기도 한다.

상징도식은 감각운동도식과 다르게 특정한 행위 없이도 사물이나 사건에 대해 생각할 수 있는 것으로 2세경부터 출현한다. 2세 된 영아는 주변 환경과의 반복적인 상호작용을 통해 특정 사물 및 사건에 대한 표상을 머릿속에 기억해 두었다가 이후에 이를 재현해 낼 수 있게 된다. 예를 들어, 핸드폰을 사용하는 어머니의 모습을 목격한 영희가 다음날, 핸드폰을 가지고 전화 거는 모습을 그대로 따라하는 것은 영희의 기억 속에 전화를 거는 행동이 도식으로 저장된 것으로 설명될 수 있다.

　조작도식은 7세 이후에 나타나는 도식의 형태로, 어떠한 현상에 대해 내부적인 정신적 활동을 통해 과거와 현재를 연결시킴으로써 형성되는 도식이다. 예를 들어, 7세 이후의 아동은 찰흙 덩어리를 납작하게 펴서 접시로 만들었다고 해서 찰흙의 질량이 변화되었다고 생각하지는 않는다. 그 이유는 찰흙 접시는 다시 뭉치면 이전의 찰흙 덩어리가 될 수 있다는 점을 이해할 수 있으며 찰흙의 모형이 변화하는 과정에서 여분의 찰흙이 추가되거나 제거되지 않았으므로 찰흙의 질량은 보존된다고 생각한다.

　피아제에 의하면 이러한 세 가지 도식은 통합되어 하나의 인지구조를 형성하고 영유아는 태어날 때부터 주변 사물과 사람과의 능동적으로 상호작용하면서 인지구조를 발달시켜 나간다(김영옥, 백혜리, 최미숙, 황윤세, 2009).

## (2) 인지과정

　영유아는 생애 초기부터 주변 환경과의 지속적인 상호작용을 통해 도식을 변형시키고 새로운 도식을 추가하게 된다. 이러한 과정은 동화(assimilation)와 조절(accommodation), 평형(equilibration) 세 가지 기능을 통해서 발생한다.

　동화는 이미 갖고 있는 도식을 이용해 그 도식에 맞게 새로운 정보와 자극을 받아들이는 과정을 말한다. 즉, 새로운 경험 또는 사물, 개념을 기존의 도식에 흡수하여 통합하는 과정으로, 예를 들어 영유아가 지구 밖에 있는 다른 행성들로 이루어진 체계로 우주에 대한 도식을 형성한 경우 전문 서적을 통해 수성, 금성, 화성, 목성, 토성 등에 대한 세부적인 행성에 대한 지식을 추가로 습득해 가는 과정을 동화로 볼 수 있다.

　조절은 외부에 맞게 자기가 현재 갖고 있는 도식을 수정하거나 변화시키는 과정이다. 예를 들어, 어떤 유아가 움직이는 대상은 살아 있다는 도식을 가지고 있다. 그러나 어느 날 바람이 불 때만 움직이는 모빌과 같이 살아 있지 않은 사물을 접하게 될 때, 기존 도식은 모순이 있고 수정될 필요가 있다는 점을 인식한다. 따라서 유아는 자발적으로 움직이는 것들만이 살아 있다고 도식을 수정하게 되는데, 이러한 과정이 조절이다(문혁준, 김정희, 안선희, 양성은, 임연진, 한세영, 2009).

　평형은 동화와 조절을 통해 인간이 환경과 균형 상태를 유지하는 것을 의미한다. 평형은 세 단계를 통해 발생한다(김영옥 외, 2009). 첫 번째 단계는 자신의 도식에 의해 사물을 이해하고 인식하는 데 아무런 문제가 없는 상태다. 두 번째 단계는 기존의 도식으로 어떠한 사물에 대한 정보를 받아들일 수 없을 경우 인지적 갈등이 발생되는 상태다. 마지막 단계는 새로운 정보가 현재의 도식에 맞지 않아 발생한 인지적 갈등을 해결하기 위해 인간은 자신의 도식을 변경하는 조절을 선택함으로써 인지적으로 안정된 상태를 유지한다. 피아제에 의하면 영유아는 세 단계를 통해 자신의 인지구조와 주변환경 사이에 안정된 균형 상태를 추구해 가며, 이러한 과정을 통해 영유아의 인지구조는 현실을 정확하게 반영할 수 있게 된다.

### (3) 인지발달 단계

피아제에 의하면 영유아는 연령에 따라 감각운동기, 전조작기, 구체적 조작기, 형식적 조작기라는 인지발달 단계를 거친다. 피아제의 인지발달 단계는 모든 영유아에게 동일한 순서로 진행되며 각 단계에 도달하는 시기에 있어 개인차가 존재할 수 있다. 또한 피아제에 의하면 인지발달은 결국 환경과의 상호작용을 통해 인지구조를 변화해 가는 과정이다.

#### ① 감각운동기(0~2세)

영아들은 출생하면서 감각기관과 운동을 통해 외부환경과 상호작용하면서 세상에 대한 초보적인 지식을 습득해 간다. 영아들은 선천적인 반사행동을 통해 사물을 탐색하다가, 반사행동이 결합된 감각운동 행동이 출현하면서 사물에 대해 다양한 형태의 상호작용을 하게 된다. 생후 1년 6개월을 전후하여 감각운동 경험을 통해 표상능력이 형성되면서 생활에서 직면하게 되는 단순한 문제해결을 위한 수단으로 활용하며 예전에 경험한 사건이나 사물의 특성을 모방할 수 있다. 이 시기에는 감각운동 경험을 통해 초보적 수준의 사고, 지연모방 및 대상영속성이 출현하게 되는데 지연모방은 어떠한 행동을 목격한 후 일정 시간이 지난 후 그 행동을 재현하는 것을 의미하며 대상영속성은 영아의 눈앞에 있는 대상이 시야에서 없어질 경우 계속 존재하는 것을 의미한다. 감각운동기는 다음과 같이 하위 6단계로 구분된다(〈표 2-1〉 참조).

〈표 2-1〉 감각운동기 단계별 특징

| 단계 | 시기 | 특징 |
|------|------|------|
| 반사도식 | 출생~1개월 | • 잡기, 빨기 등 반사적 행동을 통해 세상을 이해한다.<br>• 빨기 반사행동이 주로 나타나며 빨기를 통해 대상을 이해한다. |
| 1차<br>순환반응 | 1~4개월 | • 영아는 주로 자신의 신체를 활용해서 행동(예: 손가락 빨기)을 반복한다.<br>• 점차 환경적 특성에 따라 자신의 행동을 변화시키기도 한다(예: 손가락을 빠는 경우와 손가락을 빠는 경우 입의 크기가 달라짐). |
| 2차<br>순환반응 | 4~8개월 | • 운동능력의 발달로 외부 환경 쪽에 관심이 집중되어 사물을 대상으로 동일한 행동을 반복한다(예: 매달려 있는 물건을 반복적으로 치는 행동).<br>• 반복적 행동은 계획적이거나 의도된 것이 아니다. |
| 2차<br>순환반응의<br>협응 | 8~12개월 | • 목표지향적인 행동이 나타나며 문제 상황에 직면 시 도식을 협응하기 시작[예: 가지고 놀던 장난감을 상자 안에 숨기고 뚜껑을 덮으면 뚜껑을 열고 공을 잡는 2가지 행동(뚜껑 열기, 잡기)]을 한다.<br>• 가지고 놀던 장난감을 숨길 경우 숨긴 장난감을 찾을 수 있으므로, 대상영속성의 개념을 획득한다. |
| 3차<br>순환반응 | 12~18개월 | • 문제를 해결하기 위해 다양한 행동을 반복한다(예: 가지고 놀던 공이 탁자 아래로 들어갈 경우 막대기를 사용해 공을 빼려고 시도). |
| 정신적 표상 | 18~24개월 | • 인지적 능력이 크게 성장하는 시기로, 행동을 하기 전 먼저 생각을 한 후 행동을 하므로 시행착오를 거치지 않고 한 번에 문제를 해결할 수 있다.<br>• 지연모방이 가능하다. |

② 전조작기(3~6세)

전조작기에는 감각운동적 도식보다 사물에 대한 표상능력 및 상징도식이 급격히 증가한다. 언어능력이 발달하면서 언어를 통해 사물을 표상할 수 있으며 사물에 대한 상징을 놀이로 재현해 내는 능력을 보인다. 그러나 이 시기의 유아는 전체와 부분을 연결시키지 못하여 전체 개념(예: 동물)과 그 개념에 속하는 대상(예: 개, 고양이) 간의 관계를 이해하는 능력은 부족하며 과거와 현재를 연결시켜 논리적으로 추론하는 조작능력은 결여된 상태다. 또한 이시기의 유아의 판단 기준은 주로 사물의 외형적 조건, 지각에 의존하는 경향을 보인다.

전조작기 사고의 특성은 상징적 사고능력의 발달, 자기중심적 사고, 물활론적 사고, 직관적 사고 등으로 나누어 설명할 수 있다.

〈표 2-2〉 전조작기 사고의 특징

| 구분 | 특징 |
|---|---|
| 상징적 사고능력의 발달 | • 유아는 눈에 보이지 않는 사물을 그 사물에 대한 상징을 통해 표현하는 상징적 사고능력이 발달한다.<br>• 상징적 기능은 그림, 상징놀이, 언어를 통해 표현되며 사물에 대한 객관적 특성보다 자신의 머릿속에 있는 사물에 대한 상징을 표현한다(예: 해의 얼굴에 눈, 코, 입을 그려 넣거나 비가을 때, 구름의 눈에서 눈물이 나는 것으로 표현). |
| 직관적 사고 | • 사물이나 사건의 여러 측면(예: 내재된 규칙)을 고려하여 생각하지 못하고 외적으로 드러난 사물의 속성을 보고 사고하는 경향이 두드러진다. |
| 자기중심적 사고 | • 사물에 대한 표상을 습득하는 과정에서 자신의 관점으로만 집중하는 경향이 있어 자신의 관점과 타인의 관점을 구별하지 못한다.<br>• 자기중심적 사고의 경향은 사회적 관계 및 공간지각에서도 드러나는데, 예를 들어 자기가 갖고 싶은 물건과 타인이 갖고 싶은 물건이 동일하다고 생각하여 엄마 생일선물로 인형을 고르며 사물이 보이는 모습이 사물을 보는 위치에 따라 다르게 보일 수 있다는 점을 이해하지 못한다. |
| 물활론적 사고 | • 움직이는 모든 것을 살아 있다고 생각하며 생명이 없는 대상에게도 생명과 감정을 불어넣어 생각하는 경향을 보인다(예: 인형을 때리면 인형도 아프다고 생각). |

③ 구체적 조작기(7~11세)

구체적 조작기는 구체적인 사물과 시각적 자료가 제공될 경우 사고의 조작이 가능하다는 점이 가장 큰 특징이다. 즉, 구체적인 사물과 자료가 제공될 경우 과거와 현재를 연결시켜 논리적으로 사고할 수 있으며 전체와 부분 간의 관계성도 이해할 수 있다. 또한 학교에서 또래와의 교류가 증가하면서 자기중심성에 벗어나 자신과 타인의 관점과 생각이 다르다는 점을 인식함으로써 조망수용능력 및 탈중심화 능력이 획득된다. 따라서 보존개념, 분류, 서열화, 추론능력이 발달하게 된다. 구체적으로 수, 길이, 액체, 질량, 무게 순으로 보존개념이 획득되며 상위 유목과 하위 유목 간의 관계를 이해할 수 있고 길이나 무게 등의 기준을 통해 사물을 자유자재로 분류해 낼 수 있다. 또한 길이가 다른 세 막대기가 주어질 경우, 막대 A가 막대 B보다 길고 막대 B는 막대 C보다 길 때, 막대 A가 막대 C보다 길다는 점을 추론해 낼 수 있다.

④ 형식적 조작기(12세 이후)

형식적 조작기 아동은 구체적 조작기 아동이 구체적 사물과 시각적 자료가 주어질 경우 논리적으로 사고하는 반면 가설적인 상황이나 추상적 개념을 통해 논리적 조작이 가능해진다. 즉, 형식적 조작기의 아동은 구체적인 사물의 제시 없이 언어만을 통해서 막대 A가 막대 B보다 길고 막대 B는 막대 C보다 길다는 점이 제시될 때, 막대 A가 막대 C보다 길다는 점을 추론해 낼 수 있다. 또한 문제해결을 위해 가설을 설정하고 연역적으로 추리하며 실증적으로 검증하는 과학적 사고방법이 가능해지며 도덕성, 인간존중 등의 심오한 문제에 대해서도 사고가 가능해진다.

## 2) 과학교육에 대한 시사점

피아제의 이론은 영유아 과학교육을 수행하는 데 몇 가지 시사점을 제공한다. 첫째, 피아제에 의하면 교육은 발달을 촉진할 수 없으며 영유아의 인지발달 수준에 맞는 과학적 개념을 제공해야 한다고 주장한다. 둘째, 과학교육에 있어 영유아의 능동적 참여와 구체적인 조작을 통한 활동을 강조한다. 즉, 영유아 과학교육은 선천적으로 타고난 영유아의 탐색능력을 발휘할 수 있는 환경을 제공하되, 영유아가 탐구하고 실험하며 토의하는 과정을 통해 과학적 능력과 태도를 형성할 수 있다는 점을 강조한다. 피아제가 말하는 실험은 교사나 교과서의 지시에 따라 수행되는 것이 아니라 영유아가 계획 및 준비단계에서부터 참여하며 실험 중에 자유롭게 자신의 생각을 반영하고 과정을 주도하는 것을 의미한다. 셋째, 영유아 과학교육에서 교사의 역할은 과학적 지식을 설명하거나 시범을 하는 것이 아니라 영유아가 탐색 및 실험에 직접 참여하여 스스로 과학적 지식을 구성해 낼 수 있도록 도와주고 지지적인 환경을 조성하는 것이다(한유미, 2010).

# 2. 비고츠키

1896년 구소련에서 태어난 비고츠키(Lev Semenovich Vygotsky)는 37세의 젊은 나이에 결핵으로 사망해 '심리학계의 모차르트'라고 불리기도 한다. 비고츠키는 짧은 기간 동

안 인간의 지식을 구성해 가는 과정에서 사회적 영향을 강조함으로써 그의 이론은 사회적 구성주의(social constructionism)로 칭해진다. 특히 비고츠키는 특정 문화 속에서 성인과의 상호작용을 통해 영유아의 사고가 다르게 형성된다고 가정함으로써 사회적 상황이 인간의 생각과 행동에 영향을 미친다고 주장한다.

## 1) 주요개념

비고츠키의 주요개념은 언어와 인지발달, 근접발달 영역, 비계로 나누어 설명할 수 있다.

### (1) 언어와 인지발달

언어의 1차적 기능은 사회 구성원과 의사소통을 하는 것으로, 영유아는 사회적 상호 작용을 통해 언어가 발달된다. 언어와 인지는 생애초기에 독립적으로 발달하다가 영유아가 성장하면서 언어와 인지는 서로 영향을 주면서 발달하게 된다. 영유아는 사회적 의사소통을 목적으로 언어를 사용할 뿐 아니라 자기 행동을 계획, 조정, 감시하기 위해서 언어를 사용한다. 예를 들어, 영유아가 그림을 그리다가 '빨간 색이 어디 있지? 해는 빨간색인데…… 해는 중간에 그려야지!'라고 중얼거리는 것은 후자의 예라고 볼 수 있다. 비고츠키에 의하면 영유아는 문제를 해결하려고 할 때, 그리고 중요한 목표를 달성하고자 할 때, 과제가 어렵거나 실수를 한 후 어떻게 해야될 지 혼란스러울 때 혼잣말을 많이 사용한다. 이와 같은 혼잣말은 사적언어로 영유아가 목표를 달성하기 위해 책략을 계획하고 자신의 행동을 조정하는 기능을 함으로써 사고와 행동에 영향을 주게 된다(문혁준 외, 2009).

### (2) 근접발달 영역

근접발달 영역(zone of proximal development: ZPD)은 영유아가 혼자 문제를 해결할 수 있는 실제적인 발달 수준과 성인이나 유능한 또래로부터 도움을 받아 문제를 해결할 수 있는 잠재적 발달 수준 사이인 중간 영역을 의미한다([그림 2-1] 참조). 비고츠키에 의하

도움을 받아야 수행할 수 있는 수준: 잠재적 발달 수준

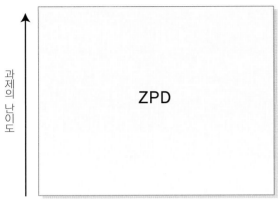

과제의 난이도

ZPD

독립적으로 수행할 수 있는 수준: 실제적 발달 수준

[그림 2-1]　근접발달 영역

* 출처: Bodrova, E., & Leong, D. J. (1996). *Tools of mind: The Vygotskyian approach to early childhood education*, Prentice-Halls (p. 36), Inc. 김억환, 박은혜 공역(1998). 정신의 도구: 비고츠키 유아교육. 이화여자대학교 출판부(p. 73).

면 동일한 연령의 두 영유아가 독립적으로 과제를 수행할 수 있는 실제적 발달 수준은 비슷하나, 도움을 받고 문제를 해결하는 잠재적 발달 수준은 크게 다를 수 있으며 잠재적 발달 수준이 증가할수록 근접발달 영역은 더욱 넓어진다(권민균, 권희경, 문혁준, 성미영, 신유림, 안선희, 안효진, 이경옥, 천희영, 한유미, 한유진, 황혜신, 2005).

## (3) 비계

비계(scaffolding)는 근접발달 영역과 밀접하게 관련된 개념이다. 비계란 영유아가 스스로의 힘으로 문제를 해결할 수 있도록 성인이나 유능한 또래가 도움을 제공하는 것을 의미한다. 비계는 건축학에서 빌려온 용어로 건물을 지을 때 발판으로 사용하다가 건물이 완성되면 제거해 버리는 건축물을 의미한다(문혁준 외, 2009). 비계의 예로, 유아가 과제를 수행할 경우 교사가 제공하는 암시와 실마리, 질문, 재설명, 영유아가 이해한 것을 확인, 과제 설명 등을 들을 수 있다(김영옥 외, 2009).

교사와 유능한 또래와 같은 비계설정자는 영유아가 문제를 해결하도록 도움을 주다가 영유아가 스스로 문제를 해결할 수 있을 때, 즉 실제적 발달수준에 도달한 경우 도움을 줄여 나가는 방법으로 비계를 제거하게 된다.

### 2) 과학교육에 대한 시사점

비고츠키 이론은 영유아 과학교육을 수행하는 데 몇 가지 시사점을 제공한다. 우선 교사는 영유아의 현재 능력으로 해결할 수 있는 과제를 제공하지만 유능한 또래나 교사와의 상호작용을 통해 영유아의 잠재능력에 도달하도록 도와주어야 한다. 둘째, 비계설정과 관련하여 영유아 과학교육을 수행할 경우 협동학습과 상호교수법을 적용할 수 있다(홍용희, 1995). 협동학습은 소집단을 구성하여 과제를 협력하여 달성하는 것을 의미하는 것으로 영유아는 또래와의 상호작용을 통해 자신이 가진 지식의 틀에서 벗어나 구성원들이 상호인정하는 지식을 구성해 볼 수 있다. 이러한 점에서 비고츠키는 자신보다 약간 나이가 많거나 유능한 또래와의 협동학습을 통해 영유아의 인지발달이 촉진되므로 혼합연령 집단구성을 강조하였다. 특히 혼합연령집단은 단일연령집단보다 목표지향적이고 구성놀이가 더 많이 나타나며 성별 분리가 덜 나타난다는 점에서 과학교육에 효과적일 수 있다(한유미, 2010).

소집단 협동학습을 수행할 경우 사용할 수 있는 교수전략은 질문하기, 명료화하기, 예측하기 등의 책략이 있다. 인지책략의 체계적인 사용은 영유아가 새로운 정보를 기존의 정보에 연결하여 분석하고 논의의 방향을 유지하며 자신의 생각을 정교화하여 과제를 수행하는 데 효과적이다(홍용희, 1995).

## 3. 브루너

1915년 미국에서 태어난 브루너(Jerome Bruner)는 현대 사회에서 수학과 과학적 지식의 중요성을 강조한 교육심리학자다. 브루너는 1957년 소련의 인공위성 발사로 인해 기존의 경험중심 교육과정에서 학문중심 교육과정으로의 변혁에 박차를 가하였으며, 특히 수학과 과학교육에 핵심적인 지식구조 및 교수방법을 강조한 학자다.

## 1) 주요개념

브루너의 주요개념은 표상양식, 지식의 구조, 나선형 교육과정, 발견학습으로 나누어 설명할 수 있다.

### (1) 표상양식

브루너는 피아제의 영향을 받아 영유아의 인지발달 단계를 표상양식이라는 개념을 적용하여 제시하였으며 구체적으로 활동적 표상단계, 영상적 표상단계, 상징적 표상단계, 논리적 사고단계로 구분하였다(권영례, 2011). 활동적 표상단계는 피아제의 전조작기에 해당하는 시기로 주로 신체적 활동을 통해 사물을 인식한다. 영상적 표상단계는 피아제의 구체적 조작기에 해당하는 시기로 사물을 시각이나 청각을 통해 인식한다. 따라서 시청각을 통해 경험한 사물에 대한 논리적 사고는 가능하지만 시청각을 통해 경험하지 않은 사물에 대한 논리적 사고는 불가능하다. 상징적 표상단계는 모든 사물을 언어적 · 개념적으로 인식할 수 있는 단계로 피아제의 형식적 조작기 초기에 해당된다. 이 시기는 언어나 상징을 사용하여 자신의 생각과 사물을 표현하는 시기다. 논리적 사고단계는 가장 성숙한 단계로 피아제의 형식적 조작기 후기에 해당된다.

### (2) 지식의 구조

브루너에 의하면 각 학문의 고유한 기본개념이나 구조가 존재한다. 과학의 기본적 구조는 사실, 관찰, 측정, 이론을 의미하며 기존의 지식에 근거하여 새로운 사실을 연결시키는 인과관계로 구성된다.

### (3) 나선형 교육과정

나선형 교육과정은 교육과정 조직의 계속성의 원리를 토대로 사물과 현상에 대한 개념이 전반적인 기본학습으로부터 시작하여 점진적인 심화학습을 반복함으로써 완전하게 학습될 수 있는 교육과정을 의미한다. 즉, 학문의 기본적 개념은 영유아의 인지 발달단계에 맞추어 처음에는 쉽게 제시하고 단계적으로 높은 수준의 나선형 방식으로 전개된다면 아무리 어려운 내용이라도 완전하게 이해될 수 있다(그림 2-2) 참조). 이는 앞서

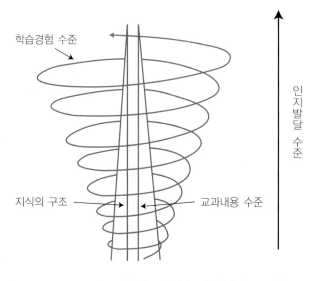

학습경험 수준

지식의 구조

교과내용 수준

인지발달 수준

[그림 2-2]    나선형 교육과정

제시한 영유아의 표상양식과 관련지어 설명될 수 있는데, 활동적 표상단계, 영상적 표
상단계, 상징적 표상단계, 논리적 사고단계에 맞추어 적합한 교육내용을 조직하여 순차
적으로 제시할 경우 아무리 어려운 개념이라도 완전학습에 도달할 수 있다는 점을 강조
한다.

### (4) 발견학습

브루너에 의하면 영유아는 능동적인 탐구과정을 통해 특정 개념을 발견하므로 교사
의 지시는 최소한으로 줄여야 한다. 발견학습의 과정은 다음과 같이 제시될 수 있다(권
영례, 2011).

- 1단계: 탐색 및 문제파악 단계
  - 주어진 과제를 탐색하고 무엇인지를 파악하는 단계다.
- 2단계: 자료제시 및 관찰·탐색 단계
  - 교사가 과제에서 제시된 문제해결에 필요한 한두 가지 자료를 제시하여 영유아가 관
    찰 및 탐색하는 단계다.

- **3단계**: 자료 추가 제시 및 관찰·탐색 단계
  - −다른 자료들을 추가로 제시하여 이전 단계에서 관찰 및 탐색한 결과와 비교하는 단계다.
- **4단계**: 규칙성 발견 및 개념정리 단계
  - −관찰·탐색한 결과에 대한 토의를 통해 규칙성을 발견하는 단계다.
- **5단계**: 적용 및 응용단계
  - −발견한 규칙성을 적용 및 응용해 보는 단계다.

## 2) 과학교육에 대한 시사점

브루너 이론은 영유아 과학교육을 수행하는 데 몇 가지 시사점을 제공한다. 첫째, 과학의 기본적 구조는 영유아기에 인지발달 단계에 맞는 자료를 제공함으로써 습득 가능하다는 점을 강조한다. 예를 들어, 평형의 개념을 가르치기 위해 활동적 표상 단계에서는 시소를 활용하여 몸무게가 동일한 영유아가 시소를 탈 경우 시소가 평형을 이룬다는 점을 체험하도록 하고, 영상적 표상 단계에서는 크기가 동일한 모형(예: 네모)을 저울로 잴 경우 동일하다는 점을 인식시킬 수 있으며 상징적 표상 단계에서는 수학적 상징을 활용하여 등호의 개념을 적용할 수 있다(예: $2 \times 4 = 1 \times 8$). 둘째, 표상 수준을 고려하여 개념학습을 조장할 수 있는 매체(예: 시청각 또는 구체적 자료)의 활용 및 발견학습의 기회 제공을 강조한다. 발견학습을 통해 영유아는 인지적 능력을 증진시키고 외적 보상을 내적 보상으로 바꿀 수 있으며 기억을 효과적으로 활용할 수 있다.

# 제3장

# 영유아 과학능력의 발달

🚀 **학습개요**

영유아기에는 과학교육을 통해 과학능력이 발달된다. 과학능력은 기술 및 능력, 태도, 개념을 포괄한 것으로 과학적 탐구능력, 과학적 태도, 과학적 개념으로 구분된다.

🚀 **학습과제**

1. 과학적 탐구능력의 구성요소는 무엇인가?
2. 영유아기에 형성되는 과학적 태도는 어떠한 것이 있는가?
3. 영유아기에 형성되는 과학에 대한 기본적 개념은 무엇이 있는가?

## 1. 과학적 탐구능력

과학교육은 내용과 과정 모두 중요하지만 내용은 탐구해 가는 과정을 통해 자연스럽게 습득되는 결과로 내용자체가 교육의 근본적인 목적이 되어서는 안 된다. 따라서 영유아 과학교육에서는 과학의 과정에 적용되는 능력을 습득하는 것이 우선시되며, 이러한 능력은 영유아들이 일상생활을 하는 데 필수적이다.

영유아의 과학적 탐구능력은 몇 개의 요소로 구성된다. 우선 미국과학학회에 의하면, 과학적 탐구능력은 관찰, 측정, 분류, 추론, 수량화, 예측, 관계, 의사소통 등으로 대별되는 기본적 과학능력(basic science process skill)과 자료해석, 변인통제, 조작적 정의, 가설설정, 실험 등의 고차원적인 통합적 과학능력(integrated science process skill)으로 구분된다. 대체로 기본적 과학능력은 아주 어린 영아기부터 나타나며 통합적 과학능력은 유아기부터 본격적으로 발달된다. 우리나라의 경우 교육인적자원부(2007)에서 미국과학학회와 유사하게 영유아기의 과학적 탐구능력을 기본적 과학능력과 통합적 과학능력으로 구분하여 〈표 3-1〉과 같이 제시하였다(김민정, 2008).

〈표 3-1〉 과학적 탐구능력의 구성요소

| 구분 | 구성요소 | 정의 |
|---|---|---|
| 기본적 과학능력 | 관찰 | • 무엇인가를 발견하고자 하는 목적을 가지고 사물을 다양한 감각을 활용하여 주의 깊게 보는 것이다.<br>• 과학적 탐구능력의 기본이다.<br>• 관찰은 오감을 활용하여 사물에 대한 지각적 정보를 얻는 정성적 관찰에서 시작하여 숫자나 양을 부여하는 정량적 관찰로 발전한다. |
| | 비교 | • 사물의 속성에 익숙해진 후, 길이·무게·용량 등과 같은 기준에 의해 사물들 간의 관계를 파악한다.<br>• 측정과 서열화의 기초다. |
| | 분류 | • 유사성이나 준거에 따라서 서로 함께 묶어 보거나 그 관계를 연결하는 과정이다.<br>• 일상생활의 관찰 활동 속에 분류 활동을 경험하게 하는 것이 중요하다. |
| | 측정 | • 도구를 사용하여 양적 자료를 수집하는 과정으로 주로 참조도구를 사용하여 양적자료를 수집한다. |

| | | |
|---|---|---|
| | 추론 | • 관찰, 측정, 분류 등에서 얻은 자료를 이용하여 그 결과를 도출하는 과정으로 사건, 현상, 사물을 해석하거나 설명하는 것을 의미한다.<br>• 관찰한 데이터를 주의 깊게 실험하고 사물과 상황 간의 관계를 설명하는 과정이다. |
| | 예측 | • 정보와 자료에 근거하여 미래에 일어날 또는 알려지지 않은 사건이나 조건을 예언한다.<br>• 체계적인 관찰, 정확한 측정, 타당한 추론, 적절한 분류에 바탕을 둔 합리적 예측이 가능하다. |
| 통합적<br>과학능력 | 문제인식 | • 기존의 지식으로 이해하기 어려운 현상이나 전통적인 방법으로 해결되지 않는 상황을 해결하기 위해 문제를 명료화하는 것이다.<br>• 탐구의 원인이자 목적이 된다. |
| | 가설설정 | • 예상되는 연구결과에 관한 진술한다.<br>• 관련된 정보와 지식에 근거하여 연구문제에 대한 잠정적인 답의 형식으로 진술한다.<br>• 관찰, 측정, 분류, 예측, 추론 등의 기본적 과학능력을 토대로 설정한다. |
| | 변인통제 | • 연구자가 선정한 변인에 대한 결과에 영향을 주는 다른 요인을 통제함으로써 결과의 원인을 명확하게 규명하고자 하는 것이다. |
| | 자료해석 | • 자료에 담겨진 의미를 이해하고 자신의 관점에 따른 의미로 표현하는 과정이다.<br>• 문장, 표, 그래프, 그림 등을 읽고 그 의미를 파악하는 과정이다. |
| | 결론도출 | • 연구의 가설과 관련되거나 해당 실험에 한정된 진출을 한다.<br>• 일반화는 연구의 주제나 문제에 관한 일반적인 진술이나 결과를 포함한다. |

* 출처: 김민정(2008). 2세 영아의 과학적 탐구과정의 의미. 중앙대학교 박사학위 청구논문.

## 1) 영아의 과학적 탐구능력의 발달

영아기에는 주로 감각기관을 활용하며 신체활동이 수반된 탐색활동을 수행하게 된다. 탐색이란 영아가 사물과 친숙해지려고 하는 행동(Hutt, 1976)으로 탐색의 목적은 사물의 성질과 기능에 대해 영유아가 친숙해지는 것이다. 탐색활동은 놀이와 비교될 수 있다. 탐색활동은 탐색하려고 하는 사물의 특성에 의해 야기되므로 사물지배적 활동인 반면 놀이는 영유아의 욕구에 의해 지배된다(지성애, 2000). 영아는 새로운 사물이나 상황에 직면할 경우 먼저 탐색을 하고 탐색을 통해 익숙해지면 놀이를 한다(이숙재, 2006; 이영자, 신은수, 곽향림, 이정욱, 2006).

이러한 감각운동 탐색활동은 발달과정이 있는데, 피아제의 이론에서 제시된 바와 같이 생후 4개월까지 영아는 주로 자신의 신체를 탐색하는 경향이 있는 반면 생후 5개월부터는 점차적으로 외부의 사물과 대상을 탐색하게 된다. 이러한 영아기의 탐색활동은 관찰과 함께 일어난다. 관찰은 영아가 시각, 청각, 후각, 미각, 촉각 등의 오감 중 하나 또는 두 가지 이상의 감각을 함께 사용하여 어떤 물체나 사건의 특징을 파악하는 것으로 영아기에는 관찰을 통해 사물에 대한 지각적 정보를 습득하게 된다. 특히 영아기에는 사물과 사건에 대한 감각운동적 탐색활동을 반복함으로써 사물에 대한 표상을 가지게 됨으로써 이러한 표상을 통해 사물을 이해하게 되며, 만 2세 전후로 언어발달이 급속히 이루어지면서 사물 간의 관계와 사물의 속성에 대한 이해가 가속화된다(남옥선, 2006).

만 2세가 되면서 과학적 탐색과정이 본격적으로 가시화된다. 우선 만 2세 영아의 과학적 탐색과정은 '관심갖기' '기본적 탐구하기' '통합적 탐구하기'의 세 단계로 범주화될 수 있다(김민정, 2008). 우선 '관심 갖기'는 관찰을 통하여 그 현상이나 사물에 대해 탐색행동을 시작하게 되는 상황을 의미하며 이후 '기본적 탐구하기' '통합적 탐구하기' 등을 통해 다양한 과학적 탐색능력을 활용하게 된다.

만 2세 영아는 새로운 대상이나 예상하지 못한 흥미로운 상황, 움직임이나 변화에 대해 관심을 갖기 시작한다. 그 후 영아는 '관찰하기' '비교하기' '추리하기' '예상하기'를 통해 기본적 탐색과정을 수행한다. 구체적으로 시각과 촉각을 통해 사물을 관찰하며, 사물에 대한 속성에 익숙해진 경우 길이, 무게, 용량, 면적과 같은 물체의 측정 가능한 속성에 기초하여 사물을 비교하게 된다. '비교하기'는 이후 서열화와 측정의 기본능력(김미경, 2003; 이정욱, 유연화, 2005)으로 만 2세 영아는 사물의 유사성에 기초하여 비교하며 도구를 사용하여 높이와 길이에 대한 측정을 시도한다. 이때 도구는 영아가 가지고 놀던 놀잇감(예: 레고블록)을 활용하여 다른 사물의 높이와 길이를 비교하기 시작한다. 또한 영아는 관찰, 측정하여 얻어진 자료를 통해 사건, 사물을 해석하여 그 결과를 도출해 내는 '추리하기'와 '예상하기'를 수행할 수 있다. 예를 들어, '만약 어떤 일이 벌어진다면 어떻게 될 것이다.'와 같은 주어진 상황에서 일어날 일에 대해 추리할 수 있으며 알고 있는 지식에 기초하여 예측하거나 새로 얻은 지식에 기초하여 예상할 수 있다.

이와 같이 영아는 '관찰하기' '비교하기' '추리하기' '예상하기'를 통해 대상에 대한 물리적 속성을 이해하고 관련된 지식을 습득한 후, 심화된 '통합적 탐구하기'를 수행한다. '통합적 탐구하기'는 일반적으로 '문제인식' '변인통제' '가설설정' '자료해석' '결론도출' '일반화' 등으로 만 2세 영아는 이 중 '변인통제' '가설설정'을 수행할 수 있다(김민정, 2008). '변인 인식하기'는 어떤 일에 원인이 되는 변인을 찾아내는 과정으로 특정한 일로 인해 어떠한 일이 발생하는지를 알아낼 수 있다. 예를 들어, 양말을 신은 채 미끄럼틀에 앉아서 놀던 경아는 걸어서 미끄럼틀에 내려오다가 미끄러져서 실패하였다. 그 후 옆에서 놀던 순이가 맨발로 미끄럼틀에서 걸어 내려오는 것은 성공적으로 수행한 것을 보고 경아는 양말을 벗은 후 미끄럼틀에서 내려오고자 하였다. 이때 경아는 양말이 미끄럼틀에서 미끄러진 원인이라는 점을 인식하여 통제한 것으로 해석된다. '가설설정'은 변인들 간의 관계에 대한 잠정적 추측으로 만 2세 영아는 관찰된 사실에 근거하여 '가설설정'이 가능하다. '가설설정'은 사물에 대한 '관찰' '비교' '예상' '변인인식'의 과학적 과정이 통합적으로 어우러졌을 때 일어난다. 예를 들어, 여름날 바닥에 떨어진 휴지가 벽걸이형 선풍기 바람으로 인해 이리저리 움직이는 것을 본 후, 도화지, 스카프, 인형 등을 선풍기 쪽으로 던지면서 움직이는지 살펴본 영희의 행동은 '휴지와 같이 이러한 사물들도 선풍기 바람으로 인해 날릴 것이다.'라는 가설을 설정한 것으로 설명될 수 있다.

영아의 과학적 탐색과정은 다양한 특성을 가진 놀잇감을 통해서 발생한다. 김민정(2008)의 연구결과 구멍이 있거나 소리가 나며 구르고 쌓을 수 있는 놀잇감에 대한 탐색활동이 영아기에 활발히 일어났다. 따라서 다양한 촉각적 경험을 제공하는 쌀, 콩, 블록, 비눗물, 인형, 다양한 질감의 담요, 다양한 소리가 나는 음악상자나 악기 등이 탐색 영역에서 제공될 필요가 있다.

## 2) 유아의 과학적 탐구능력의 발달

유아의 과학적 탐구능력은 영아기에 비해 보다 정교화되고 발달된다. 유아는 관찰을 통해 사물을 속성을 비교해 내는 능력이 증가하며 관찰을 반복하여 사물의 변화를 파악해 낼 수 있다. 또한 유아기에는 정확한 관찰을 위해 돋보기, 현미경, 사진기 등과 같은 도구를 활용할 수 있다(한유미, 2010).

유아기에는 관찰된 사물의 속성을 비교하여 분류하는 능력이 증가한다. 특히 한 가지

기준에 의해 실생활과 밀접히 관련되어 있는 물건을 분류하라고 하면 쉽게 분류해 낸다. 그 후 유아는 점차적으로 여러 개의 속성에 의해 섞여진 사물에 대해 분류기준을 설정해 사물을 분류해 낼 수 있다. 또한 유아는 실험을 통해 자신이 예측한 것을 확인해 보며 측정도구를 사용하여 측정하는 등 기본적 과학능력이 발달되며 실험을 통해 변인통제, 자료해석, 결론도출 등의 초보적 수준의 통합적 과학능력이 출현하게 된다.

안경숙(2003)은 유아교육기관에서 다루어지고 있는 과학교육 내용 및 과학교육 평가, 문헌연구를 토대로 유아 과학능력 행동목록을 다음과 같이 제시하고 있다(〈표 3-2〉 참조).

〈표 3-2〉 유아의 과학능력 구성요소와 행동목록

| 구성요소 | 행동목록 |
|---|---|
| 관찰하기 | • 유아는 도구를 사용하여 관찰한다.<br>• 어떤 사물이나 동식물의 변화를 주의 깊게 관찰한다.<br>• 유아는 관찰한 내용을 그림이나 글로 표현한다. |
| 분류하기 | • 유아는 사물을 한 가지 어떤 속성(예: 모양, 크기, 색깔 등)을 고려하여 분류한다.<br>• 유아는 두 가지 속성 이상을 고려하여 분류한다.<br>• 자신이 분류한 것에 대해 설명한다. |
| 예측하기 | • 실험을 해 보기 전에 어떻게 할 것인지를 예측한다.<br>• 유아는 자신이 예측한 것에 대한 이유를 제시한다.<br>• 유아는 자신이 예측한 것이 맞았는지 확인한다. |
| 측정하기 | • 유아는 사물의 속성에 따라 적절한 측정유형(예: 길이, 부피, 무게, 시간)과 측정도구를 선택한다.<br>• 유아는 사물의 속성에 따라 적절한 측정단위(비표준단위/표준단위)를 선택한다.<br>• 유아는 측정한 결과를 그림이나 글, 도표 등으로 기록한다. |
| 실험하기 | • 유아는 새로운 방식으로 자료를 조작하거나 관련된 변인을 조작하여 탐구한다.<br>• 유아는 자신의 아이디어를 탐구하기 위하여 실험한다. |
| 의사소통 및 토의하기 | • 유아는 과학활동 과정에서 자신이 생각하고 있는 아이디어를 말로 설명하거나 글로 표현한다.<br>• 유아는 자신의 경험을 과학적 어휘를 사용하여 말한다.<br>• 유아는 과학활동 과정에서 다른 유아의 이야기를 들으며 구체적으로 질문한다. |

| 탐구과정기술 선택하고 적용하기 | • 유아는 관찰하기, 분류하기, 측정하기, 실험하기, 의사소통하기 및 토의하기와 같은 탐구과정기술을 적절히 선택하고 적용한다. |
|---|---|
| 탐구현상에 대해 질문하고 조사하기 | • 유아는 탐구하는 과정에서 나타난 현상에 대해 질문하고 자신의 질문과 생각을 탐구한다. |
| 탐구하기 위해 다양한 자료를 이용하기 | • 유아는 탐구하는 과정에서 책이나 비디오 등을 포함한 다양한 정보원을 사용한다. |
| 탐구과정 합리적으로 설명하기 | • 유아는 탐구과정에서 다른 사람이 이해할 수 있는 합리적인 방법을 이용하여 자신이 발견한 것이나 알아낸 것에 대해 설명한다. |
| 탐구기회 추구하기 | • 유아는 계속적으로 탐구할 기회를 달라고 요구한다. |
| 탐구과정을 통한 결론 내리기 | • 유아는 탐구과정에서 발견한 새로운 증거들과 경험을 통해 알아낸 것을 중심으로 결론을 내린다. |

* 출처: 안경숙(2003). 유아과학활동과 통합된 과학능력 평가도구의 개발: 과학적 태도, 탐구능력, 과학적 개념에 대한 평가. 덕성여자대학교 박사학위 논문.

## 2. 과학적 탐구태도

　과학적 탐구태도는 과학적으로 사고하는 습관으로서 문제를 해결할 때 또는 아이디어나 정보를 평가할 때 취하는 특별한 행동양식이다(유경숙, 1999). 영유아 과학교육에서 과학활동 자체에 대한 내면적 태도는 선천적인 것이 아니며, 과학을 하는 원동력으로 과학적 탐구능력과 지식에 기초가 되므로 교육현장에서 주요하게 다루어질 필요가 있다. 여러 학자들을 통해 과학적 탐구태도의 하위 요소로 호기심, 적극성, 솔직성, 객관성, 비판성, 끈기성, 협동성이 제기되며(안경숙, 2003), 각 요소의 의미는 〈표 3-3〉에 제시된 바와 같다. 호기심은 과학활동 및 학습의 동기가 될 수 있으며, 과학적 주제나 내용에 대한 질문을 자주 하거나 새로운 대상과 현상에 관심을 기울이기를 통해서 나타난다. 적극성을 나타내는 행동은 과학활동이나 실험에 자발적으로 참여하기, 과학 관련 서적이나 비디오를 적극적으로 시청하기 등이다. 솔직성은 자신이 예상하거나 관찰한 점, 의문이 드는 점에 대해 솔직히 말로 표현하는 행동을 통해 나타나며 개방성과 관련된 행동으로는 자기주장에 대한 비판을 수용하기, 실패한 실험결과를 인정하기, 타인의 의견을 듣고 수용하기 등을 들 수 있다. 비판성은 타인의 설명이나 해석에 대해 옳고 그름을 판단하기 위한 증거를 요구하거나 자신과 타인의 의견을 토론하려고 시도하는 행동을 통해서 보여진다. 끈기성은 과학활동을 쉽게 포기하지 않고 끝까지 결과를 지켜보는 행동을 통해서 나타나며 협동성은 과학활동 과정에서 타인과 함께 협의하고 돕는 태도로서 서로 다른 의견을 협의하거나 실험 후 정리정돈을 함께 하는 행동을 통해서 보여진다(Lind, 2000; Martin, 1997).

〈표 3-3〉 과학적 탐구태도의 구성요소 의미

| 구성요소 | 의미 |
| --- | --- |
| 호기심 | • 어떤 것을 알고 이해하고자 하는 본능적인 태도다. |
| 적극성 | • 과학활동에 자발적으로 적극적으로 참여하려는 태도다. |
| 솔직성 | • 과학활동의 결과를 진실되고 양심적으로 보고하며 편견 없이 받아들이는 태도다. |
| 객관성 | • 과학활동을 수행하는 동안 주변의 의견이나 판단에 간섭받지 않으며 가능한 많은 자료를 수집하여 결론을 내리려는 태도다. |
| 개방성 | • 과학활동을 수행하여 결과를 도출해 낼 경우 편견 없이 타인에게 알려주고, 새로운 결과와 타인의 의견을 수용하는 태도다. |
| 비판성 | • 다른 사람의 의견이나 설명에 대한 증거를 요구하여 신뢰성을 확보하고 결론을 내릴 때 신중한 태도를 유지한다. |
| 끈기성 | • 어떠한 문제를 끝까지 해결해 보려고 노력하는 태도다. |
| 협동성 | • 두 명 이상이 요구되는 과학적 활동을 할 경우 개인보다는 집단의 이익을 우선시하고 이견이 있을 때 서로 협의하는 태도다. |

* 출처: 안경숙(2003). 유아과학활동과 통합된 과학능력 평가도구의 개발: 과학적 태도, 탐구능력, 과학적 개념에 대한 평가. 덕성여자대학교 박사학위 논문.

## 3. 과학적 개념

영유아는 과학적 탐구과정을 통해 과학의 내용을 다루고 자신에게 의미 있는 방식으로 과학적 개념을 구성한다(김은정, 2002). 영유아는 형식적 교육을 받기 이전부터 주변 세계와 일상적인 상호작용과 경험을 통해 사물에 대한 특성과 과학적 현상에 대한 사전 개념(preconception)을 형성한다(Berk & Winsler, 1995).

이러한 사전개념은 탐구중심의 과학활동 과정에서 사전 관찰에서 얻은 지식들과 결합되어 점차적으로 관찰개념으로, 다시 구성개념으로, 마지막으로 이론개념으로 재구성된다(Lind, 1996; Martin, 1997; Victor & Kellough, 2000). 관찰개념은 관찰의 결과 확인할 수 있는 개념을 의미하고 구성개념은 관찰에 의해 확인되는 것은 아니지만 관찰 가능한 현상에 바탕을 두고 여러 가지 사실을 결합하여 유아가 구성한 개념이다. 이론개념은 현상이나 사건을 보다 효과적으로 설명하기 위해 이론적으로 추상화하여 만들어낸 개념이다.

영유아기에 다룰 수 있는 과학적 개념은 과학교육 내용에 따라 다양하다. 미국 국립연구원(National Research Council, 1996)에서 제시한 과학교육 내용 기준에 따라 제시하고 있는 과학적 개념은 〈표 3-4〉에 제시되어 있다(안경숙, 2003).

〈표 3-4〉 과학교육 내용 영역에 따른 과학적 개념

| 과학교육 내용 영역 | 과학적 개념 | 〈개념 구분〉 |
|---|---|---|
| 생명과학 | • 식물(동물)은 여러 가지 종류가 있다. | (관찰개념) |
| | • 씨는 뿌리, 줄기, 잎과 꽃을 가진 식물로 성장한다. | (관찰개념) |
| | • 살아 있는 것은 물, 공기, 영양분, 적당한 온도를 필요로 한다. | (구성개념) |
| | • 살아 있는 것은 성장하고 변화한다. | (이론개념) |
| | • 살아 있는 것은 서로에게 영향을 주고받는다. | (이론개념) |
| 물리과학 및 화학 | • 물리적 변화는 외관은 변하지만 물질 자체는 같은 상태다. | (이론개념) |
| | • 화학적 변화는 속성까지 변하여 새로운 물질이 형성된다. | (이론개념) |
| | • 우리가 살고 있는 이 세계에는 다양한 형태의 에너지가 존재한다. | (이론개념) |
| | • 기계는 다양한 기능을 가지고 있고 분해와 조립이 가능하다. | (구성개념) |
| | • 기계는 물건을 쉽게 이동할 수 있게 만든다. | (구성개념) |
| 지구 및 공간과학 | • 지구의 주된 물질은 물과 흙, 돌, 화석 연료 등이다. | (구성개념) |
| | • 지구의 물질(예: 물)은 다른 방식으로 사용될 수 있는 속성을 가지고 있다. | (구성개념) |
| | • 물이 물체를 위로 받치는 힘과 물체와 물의 무게 간의 관계에 의해 물체가 뜨거나 가라앉는다. | (구성개념) |
| | • 물은 다른 물질을 녹일 수 있다. | (관찰개념) |
| | • 물의 형태는 액체나 조건에 따라 변할 수 있다. | (구성개념) |

* 출처: 안경숙(2003). 유아과학활동과 통합된 과학능력 평가도구의 개발: 과학적 태도, 탐구능력, 과학적 개념에 대한 평가. 덕성여자대학교 박사학위 논문.

# 제4장

# 영유아 과학교육의 내용

## 학습개요

– 표준보육과정과 누리과정의 자연탐구 영역에 제시(보건복지부, 2013)된 과학교육의 내용을 연령별로 알아본다.

– 표준보육과정과 누리과정의 자연탐구 영역의 과학교육 내용은 만 0~1세, 만 2세, 만 3~5세로 제시되며, 연령별 개인차를 고려하여 과학교육의 내용을 만 0~1세의 경우 4수준, 만 2세의 경우 2수준, 만 3~5세의 경우 1수준으로 나누어 수준별 세부내용을 언급하고 있다(보건복지부, 2013).

## 학습과제

1. 만 0~1세 및 만 2세와 만 3~5세의 '탐구하는 태도 기르기'의 내용에는 어떤 차이가 있는가?
2. 만 0~5세의 '과학적 탐구하기'의 내용은 어떠한가?

# 1. 만 0~1세 자연탐구 영역의 내용

자연탐구 영역의 내용은 3개의 범주를 중심으로 내용이 구성되며 각 내용은 영아의 발달수준의 차이를 고려하여 4개의 수준으로 제시되어 있다(〈표 4-1〉 참조). 자연탐구 영역의 내용은 '탐구하는 태도 기르기' '수학적 탐구하기' '과학적 탐구하기'로 구분된다. '탐구하는 태도 기르기'는 과학적 태도에 관한 내용이며, '수학적 탐구'와 '과학적

〈표 4-1〉 만 0~1세 자연탐구 영역 내용

| 범주 | 내용 | 세부내용 | | | |
|---|---|---|---|---|---|
| | | 1수준 | 2수준 | 3수준 | 4수준 |
| 탐구하는 태도 기르기 | • 사물에 관심 가지기 | | 주변 사물에 관심을 가진다. | | |
| | • 탐색 시도하기 | 나와 주변 사물을 감각으로 탐색한다. | 주변의 사물에 대해 의도적인 탐색을 시도한다. | | |
| 수학적 탐구하기 | • 수량 지각하기 | | 있고 없는 상황을 지각한다. | '있다'와 '없다'를 구별한다. | '한 개'와 '여러 개'를 구별한다. |
| | • 주변 공간 탐색하기 | | 도움을 받아 주변의 공간을 탐색한다. | | |
| | | | 주변 사물의 모양을 지각한다. | | |
| | • 차이를 지각하기 | | | 주변 사물의 차이를 지각한다. | |
| | • 간단한 규칙성 지각하기 | | | 일상과 놀이에서 간단한 규칙성을 경험한다. | |
| 과학적 탐구하기 | • 물체와 물질 탐색하기 | 일상생활 주변의 몇 가지 친숙한 것들을 양육자와 함께 탐색한다. | | | |
| | • 주변 동식물에 관심 가지기 | | | 주변 동식물의 모양, 소리, 움직임에 관심을 가진다. | |
| | • 주변 자연에 관심 가지기 | | 생활 주변의 자연물을 감각으로 느껴본다. | | |
| | | | 바람, 햇빛, 비 등을 감각으로 느껴본다. | | |
| | • 생활도구 탐색하기 | | 도움을 받아 생활도구를 탐색한다. | | |

탐구'는 기초과학적 지식 구성과 기술에 대한 내용이다. 따라서 자연탐구 영역에서는 영아가 사물에 관심을 가지고 주변 사물을 탐색하는 태도를 기르며, 생활 속에서 일어나는 상황을 수학적 · 과학적으로 이해하고, 탐색하는 내용으로 구성된다.

## 1) 탐구하는 태도 기르기

탐구하는 태도 기르기는 '사물에 관심가지기' '탐색 시도하기'의 내용으로 이루어져 있다. 영아는 출생 후, 감각 및 신체 기능의 발달과 더불어 주변 사물에 관심을 가지게 되며 오감각과 신체 부위(예: 손, 발)를 통해 사물을 탐색하게 된다. 영아는 생후 6개월 이후 주변 사물에 대한 의도적인 탐색을 시도한다. 예를 들어, 영아는 의도적으로 물건들을 떨어뜨리고 찾고, 집어 올리기를 반복하면서 떨어질 때 나는 소리를 들으며 탐색하며 즐긴다. 따라서 교사는 영아가 주변의 여러 가지 사물에 관심을 보이고 주의를 기울이고 있을 때 적극적으로 상호작용해 주고, 특정 사물이나 환경을 반복적으로 탐색할 수 있도록 격려하고 지원하여야 한다.

## 2) 수학적 탐구하기

수학적 탐구하기는 '수량 지각하기' '주변 공간 탐색하기' '차이를 지각하기' '간단한 규칙성 지각하기' 내용으로 구성되어 있다. '수량 지각하기'는 사물이 있고 없는 상황을 지각하고, 한 개와 여러 개를 구별하는 내용이다. 영아는 일상생활에서 눈앞에서 물건이 있다가 없어지는 경험을 반복적으로 하게 되면 '있다'와 '없다'을 구분할 수 있다. 따라서 교사는 의도적으로 영아가 보는 앞에서 사물을 숨기고 찾는 놀이를 시도하여 없어진 물건을 찾아보도록 격려하면, 영아는 자연스럽게 '있다'와 '없다'의 개념을 획득할 수 있다. '한 개와 여러 개를 구별한다.'는 사물의 많고 적음을 인식하고 '한 개', '많다' 등의 수량 관련 어휘를 이해할 수 있는 내용이다. 따라서 교사가 놀잇감을 한 개 또는 두 개, 세 개를 보여 주는 활동을 제공할 경우 영아는 수량의 차이를 자연스럽게 구별할 수 있게 된다.

'주변 공간 탐색하기'는 주변공간을 탐색하는 활동을 통해 사물의 형태를 지각하는

내용이다. 1세 미만 영아는 운동발달에 제한이 있으므로 주변 사물 탐색을 위해 성인의
도움이 필요하므로 교사는 영아를 안아 주거나 말 타기 놀이 등을 통해 영아의 공간 탐
색 범위를 확장시켜 주어야 한다. 그 후 영아는 운동능력이 발달하면서 성인의 도움 없
이 자발적인 공간 탐색 능력이 가능해진다. 이러한 과정을 통해 영아는 사물의 색, 크기,
길이 등의 속성의 차이를 자연스럽게 지각할 수 있다. 따라서 교사는 다양한 사물을 탐
색할 수 있는 기회를 제공하고 간단한 크기나 길이를 비교할 수 있는 어휘(예: 길다, 짧다,
크다, 작다, 무겁다, 가볍다)를 제시하여 영아가 그러한 어휘를 자연스럽게 사용할 수 있도
록 지도하여야 한다.

'간단한 규칙성 지각하기'는 일상생활 속에서 반복되는 간단한 규칙성을 지각하는
내용이다. 영아는 1세가 되면서 사물을 탐색하는 반복적인 활동을 통해 사물에 존재하
는 간단한 규칙성을 이해할 수 있다. 따라서 교사는 규칙성이 포함되어 있는 동요나 음
악, 시각적인 자료를 제공함으로써 규칙성을 이해할 수 있는 기회를 제공하여야 한다.

### 3) 과학적 탐구하기

과학적 탐구하기는 '물체와 물질 탐색하기' '주변 동식물에 관심 가지기' '주변 자
연에 관심 가지기' '생활도구 탐색하기' 내용으로 구성되어 있다. '물체와 물질 탐색하
기'는 주변의 친숙한 사물을 교사와 함께 다양한 감각을 통하여 탐색하는 내용이다. 따
라서 교사는 다양한 사물 및 놀잇감(예: 마음대로 구기고 찢을 수 있는 종이, 밀가루 반죽, 모
빌)을 제공함으로써 영아가 마음껏 탐색하고 상호작용할 수 있도록 지원하여야 한다.

영아는 신체발달 및 운동능력이 증가하면서 주변 동식물과 자연현상에 감각적으로
탐색할 수 있다. 즉, 주변의 익숙한 동식물의 모양이나 소리, 움직임 등의 외적 특성에
주의를 기울이고 자연물과 바람, 햇빛, 비 등을 감각을 통하여 느낄 수 있다. 따라서 교
사는 영아는 주변 동식물을 안전하게 자주 접할 수 있는 기회와 산책, 바깥놀이를 제공
함으로써 생명체와 주변 자연물에 대해 긍정적인 관심을 가질 수 있도록 하여야 한다.

'생활도구 탐색하기'는 영아가 주변의 생활도구(예: 물컵, 숟가락)에 관심을 가질 때
탐색하는 내용으로, 교사는 영아가 자유롭게 생활도구를 탐색할 수 있도록 허용하며 점
차 용도에 맞게 사용할 수 있도록 기다려 주어야 한다.

## 2. 만 2세 자연탐구 영역의 내용

만 2세 자연탐구 영역의 내용은 만 1, 2세와 동일하게 3개의 범주를 중심으로 내용이 구성되어 있으나 각 내용은 영아의 발달수준의 차이를 고려하여 2개의 수준으로 제시되어 있다(〈표 4-2〉 참조). 만 2세 자연탐구 영역의 내용은 만 1, 2세와 동일하게 '탐구하는 태도 기르기' '수학적 탐구하기' '과학적 탐구하기'로 구분되고, 각 영역은 만 1, 2세

〈표 4-2〉 만 2세 자연탐구 영역 내용

| 범주 | 내용 | 세부내용 | |
| --- | --- | --- | --- |
| | | 1수준 | 2수준 |
| 탐구하는 태도 기르기 | • 호기심 가지기 | 주변 사물과 자연세계에 호기심을 가진다. | |
| | • 반복적 탐색 즐기기 | 관심 있는 사물을 반복하여 주도적으로 탐색하기를 즐긴다. | |
| 수학적 탐구하기 | • 수량 인식하기 | 많고 적음을 구별한다. | |
| | | 두 개 가량의 수 이름을 말해 본다. | 세 개 가량의 구체물을 말하며 세어 본다. |
| | | 구체물을 일대일로 대응해 본다. | |
| | • 공간과 도형에 관심 가지기 | 나를 중심으로 익숙한 위치, 장소를 인식한다. | |
| | | 주변 사물의 모양에 관심을 가진다. | |
| | • 차이에 관심 가지기 | 주변 사물의 크기(속성의 차이에)에 관심을 가진다. | |
| | • 단순한 규칙성에 관심 가지기 | 주변에서 단순하게 반복되는 규칙성에 관심을 가진다. | |
| | • 구분하기 | 주변 사물의 같고 다름에 따라 구분한다. | |
| 과학적 탐구하기 | • 물체와 물질 탐색하기 | 친숙한 물체와 물질을 능동적으로 탐색한다. | |
| | • 주변 동식물에 관심 가지기 | 주변 동식물의 모양, 소리, 움직임에 관심을 가진다. | |
| | • 자연을 탐색하기 | 돌, 물, 모래 등의 자연을 탐색한다. | |
| | | 날씨를 감각으로 느낀다. | |
| | • 생활도구 사용하기 | 생활 속에서 간단한 도구에 관심을 가진다. | |
| | | 간단한 도구를 사용한다. | |

와 거의 유사한 내용으로 구성되지만 '수학적 탐구하기'에서 '공간과 도형에 대한 관심 가지기' '구분하기' 등의 내용이 추가되었다.

## 1) 탐구하는 태도 기르기

만 2세의 탐구하는 태도 기르기는 '호기심 관심가지기' '반복적 탐색 즐기기'의 내용으로 이루어져 있다. 만 2세 영아는 신체 및 운동능력의 발달로 자발적으로 호기심을 가지고 주변 세계를 탐색한다. 교사는 영아의 탐색시도를 격려하며 호기심을 유지하고 확장해 갈 수 있도록 지원해 주어야 한다. 이 시기의 영아는 관심 있는 사물을 다양한 방법을 적용하여 주도적으로 반복하여 탐색하기를 즐긴다. 예를 들어, 영아는 밀가루 반죽을 조물조물 만져 보고 두드려 보고 하는 등의 감각적인 탐색을 하다가 밀어서 길쭉하게 만들어 본 것을 기억하여 한동안 계속해서 같은 놀이를 반복한다. 따라서 교사는 동일한 재료를 여러 번 제공하여 탐색을 반복할 수 있도록 해 주고, 어느 정도 지나면 연관성이 있는 다른 자료를 제공함으로써 확장된 탐색을 할 수 있도록 해 주어야 한다.

## 2) 수학적 탐구하기

만 2세의 수학적 탐구하기는 '수량 인식하기' '공간과 도형에 관심 가지기' '차이에 관심 가지기' '단순한 규칙성에 관심 가지기' '구분하기'의 내용으로 구성되어 있다. '수량 인식하기'는 사물의 많고 적음, 2, 3개 가량의 수 세기, 일대일 대응에 대한 내용이다. 2세 영아는 구체물의 많고 적음을 구별한다. 만 2세의 1수준에 해당되는 영아는 하나, 둘 가량의 수 이름을 말할 수 있으며 2수준에 도달하면서 하나, 둘, 셋 가량의 수 이름을 말할 수 있다. 또한 발달이 빠른 영아는 네 개 이상의 수를 말하는 경우도 있다. 따라서 교사는 놀이시간이나 일상생활에서 수 이름과 수량 비교 어휘(예: 많다, 적다)를 사용함으로써 영아가 자연스럽게 수와 관련된 어휘를 익힐 수 있는 기회를 제공할 수 있다. 또한 교사는 놀잇감이나 간식을 줄 때, 일대일 대응의 어휘를 제공함으로써 영아가 일대일 대응 개념을 습득하는 것을 조장할 수 있다. 만 2세 영아는 자신을 중심으로 물체의 위치 변화를 인식하며, 관련 어휘를 사용할 수 있게 된다. 즉, 영아는 자신의 몸

과 사물을 움직여 자신과 사물, 사물과 사물 간의 위치, 방향, 거리 등의 관계를 경험해
봄으로써 공간 개념을 습득하게 된다. 또한 영아는 주변 사물의 반복적 탐색활동을 통
해 자연스럽게 모양에 관심을 가진다. 따라서 교사는 영아에게 여러 가지 모양의 생활
용품이나 놀잇감, 자연물, 블록과 다양한 놀이활동(예: 2~3조각의 그림 맞추기, 그리기, 블
록 쌓기)을 제공함으로써 자연스럽게 사물의 모양에 관심을 가지게 할 수 있다.

한편 만 2세 영아는 사물에 대한 반복적 탐색활동을 통해 사물의 크기를 인식하고 반
복되는 규칙을 이해함과 동시에 주변 사물을 같고 다름에 따라 구분할 수 있게 된다. 따
라서 교사는 다양한 크기와 길이를 가진 놀잇감과 사물을 비교하기, 키 재기 등의 활동
을 통해 영아에게 주변 사물의 차이에 관심을 가지게 할 수 있으며 구슬 꿰기, 색과 모양
이 다른 블록으로 간단한 규칙성을 표현해 보기 등의 활동을 통해 규칙에 대한 개념을
습득하게 할 수 있다. 또한 영아는 교사가 제공하는 다양한 활동(예: 먹을 수 있는 것과 없
는 것을 구분하기, 놀잇감을 구별하여 정리하기)을 통해 한두 가지 속성에 따라 사물을 구분
할 수 있게 된다.

## 3) 과학적 탐구하기

만 2세의 과학적 탐구하기는 '물체와 물질 탐색하기' '주변 동식물에 관심 가지기'
'자연을 탐색하기' '생활도구 사용하기' 내용으로 구성되어 있다. 만 2세 영아는 능동
적으로 주변의 물체와 물질을 탐색하기를 시도하게 되며 자연을 탐색하기 시작한다. 특
히 만 2세 영아는 날아가는 새의 움직임, 물고기가 헤엄치는 모습, 개 짖는 소리, 물소리
등에 주의를 집중하며 주변에서 볼 수 있는 꽃과 나무를 탐색하기도 한다. 따라서 교사
는 동물과 곤충 이름이 나와 있는 그림책을 읽어 주기, 동식물 키우기, 산책하러 가서 나
뭇잎, 열매 줍기 등과 같은 활동을 실시함으로써 영아는 친숙한 동식물에 더욱 관심을
가지며 소리, 생김새, 움직임을 구별할 수 있게 된다. 또한 만 2세 영아는 날씨 변화를
인식하고 감각으로 느끼며, 자연현상과 생활을 연결 짓게 될 수 있다. 예를 들어, 비가
오면 우산을 쓰고 장화를 신으며, 밤에는 잠을 자야 한다는 것 등을 이해할 수 있게 된
다. 한편 만 2세 영아는 주변에서 볼 수 있는 생활도구에 관심을 가지고, 간단한 도구를
사용할 수 있다. 따라서 교사는 간단한 생활도구 중에서 몇몇 생활용품(예: 전화, 스위치)

들의 조작방법을 영아에게 반복적으로 보여 주면서 영아의 관심을 유도하고 사용법을 알려줌으로써 간단한 도구를 사용할 수 있게 된다.

## 3. 만 3~5세 자연탐구 영역의 내용

만 3~5세 자연탐구 영역의 내용은 만 0~2세와 동일하게 3개의 범주를 중심으로 내용이 구성되어 있으나 각 내용은 각 연령별로 제시되어 있다(〈표 4-3〉 참조). 또한 만 3~5세 자연탐구 내용의 경우 유아의 인지발달을 고려하여 탐구와 관련된 기본적인 기술, 기초적인 수학적 개념과 기술, 다양한 생명체와 관련된 속성과 태도에 대한 내용 등이 추가되었다.

〈표 4-3〉 만 3~5세 자연탐구 영역 내용

| 범주 | 내용 | 세부내용 | | |
|---|---|---|---|---|
| | | 3세 | 4세 | 5세 |
| 탐구하는 태도 기르기 | • 호기심을 유지하고 확장하기 | 주변 사물과 자연세계에 대해 호기심을 갖는다. | 주변 사물과 자연세계에 대해 지속적으로 호기심을 갖는다. | 주변 사물과 자연세계에 대해 지속적으로 호기심을 갖고 알고자 한다. |
| | • 탐구과정 즐기기 | 궁금한 점을 알아보는 과정에 흥미를 갖는다. | 궁금한 점을 알아보는 탐구과정에 관심을 가지고 참여한다. | 궁금한 점을 알아보는 탐구과정에 참여하고 즐긴다. |
| | | | | 탐구과정에서 서로 다른 생각에 관심을 갖는다. |
| | • 탐구기술 활용하기 | | 일상생활의 문제를 해결하는 과정에서 탐색, 관찰 등의 방법을 활용해 본다. | 일상생활의 문제를 해결하는 과정에서 탐색, 관찰, 비교, 예측 등의 탐구기술을 활용해 본다. |
| 수학적 탐구하기 | • 수와 연산의 기초 개념 알아보기 | 생활 속에서 수에 관심을 갖는다. | 생활 속에서 사용되는 수의 여러 가지 의미를 안다. | |
| | | 구체물 수량의 많고 적음을 비교한다. | 구체물 수량에서 '같다' '더 많다' '더 적다' 의 관계를 안다. | 구체물 수량의 부분과 전체 관계를 알아본다. |

| | | 다섯 개 가량의 구체물을 세어보고 수량에 관심을 갖는다. | 열 개 가량의 구체물을 세어 보고 수량을 알아본다. | 스무 개 가량의 구체물을 세어 보고 수량을 알아본다. |
|---|---|---|---|---|
| | | | | 구체물을 가지고 더하고 빼는 경험을 한다. |
| | • 공간과 도형의 기초개념 알아보기 | 나를 중심으로 앞, 뒤, 옆, 위, 아래를 알아본다. | 위치와 방향을 여러 가지 방법으로 나타내 본다. | |
| | | | | 여러 방향에서 물체를 보고 그 차이점을 비교해 본다. |
| | | 물체의 모양에 관심을 갖는다. | 기본 도형의 특성을 인식한다. | 기본 도형의 공통점과 차이점을 알아본다. |
| | | | 기본 도형을 사용하여 여러 가지 모양을 구성해 본다. | |
| | • 기초적인 측정하기 | 두 물체의 길이, 크기를 비교해 본다. | 일상생활에서 길이, 크기, 무게 등을 비교해 본다. | 일상생활에서 길이, 크기, 무게, 들이 등의 속성을 비교하고 순서를 지어본다. |
| | | | | 임의 측정단위를 사용하여 길이, 면적, 들이, 무게 등을 재 본다. |
| | • 규칙성 이해하기 | 생활주변에서 반복되는 규칙성에 관심을 갖는다. | 생활주변에서 반복되는 규칙성을 알아본다. | 생활주변에서 반복되는 규칙성을 알고 다음에 올 것을 예측해 본다. |
| | | | 반복되는 규칙성을 인식하고 모방한다. | 스스로 규칙성을 만들어 본다. |
| | • 기초적인 자료수집과 결과 나타내기 | | 필요한 정보나 자료를 수집한다. | |
| | | 같은 것끼리 짝을 짓는다. | 한 가지 기준으로 자료를 분류해 본다. | 한 가지 기준으로 분류한 자료를 다른 기준으로 재분류해 본다. |
| | | | | 그림, 사진, 기호나 숫자를 사용해 그래프로 나타내 본다. |
| 과학적 탐구하기 | • 물체와 물질 알아보기 | 친숙한 물체와 물질의 특성에 관심을 갖는다. | 친숙한 물체와 물질의 특성을 알아본다. | 주변의 여러 가지 물체와 물질의 기본 특성을 알아본다. |

| | | | 물체와 물질을 여러 가지 방법으로 변화시켜 본다. |
|---|---|---|---|
| • 생명체의 자연환경 알아보기 | 나의 출생과 성장에 대해 관심을 갖는다. | | 나와 다른 사람의 출생과 성장에 대해 알아본다. |
| | 주변의 동식물에 관심을 가진다. | 관심 있는 동식물의 특성을 알아본다. | 관심 있는 동식물의 특성과 성장 과정을 알아본다. |
| | 생명체를 소중히 여기는 마음을 갖는다. | | |
| | | 생명체가 살기 좋은 환경에 대해 관심을 갖는다. | 생명체가 살기 좋은 환경과 녹색환경에 대해 알아본다. |
| • 자연현상 알아보기 | 돌, 물, 흙 등 자연물에 관심을 갖는다. | 돌, 물, 흙 등 자연물의 특성과 변화를 알아본다. | |
| | | | 낮과 밤, 계절의 변화와 규칙성을 알아본다. |
| | 날씨에 관심을 갖는다. | 날씨와 기후 변화에 관심을 갖는다. | 날씨와 기후변화 등 자연현상에 대해 관심을 갖는다. |
| • 간단한 도구와 기계 활용하기 | 생활 속에서 간단한 도구와 기계에 관심을 갖는다. | 생활 속에서 간단한 도구와 기계를 활용한다. | |
| | 도구와 기계의 편리함에 관심을 갖는다. | | 변화하는 새로운 도구와 기계에 관심을 갖고 장단점을 안다. |

## 1) 탐구하는 태도 기르기

유아의 탐구하는 태도 기르기는 '호기심을 유지하고 확장하기' '탐구과정 즐기기' '탐구기술 활용하기'의 내용으로 구성되어 있다. 유아는 영아와 마찬가지로 주변의 사물이나 현상에 대한 호기심을 가지고 지속적으로 알고자 하는 태도를 갖는 것이 중요하다. 따라서 교사는 유아가 사물이나 현상의 어떠한 점에 대해 관심이 있는지를 주의 깊게 관찰하며, 적절한 환경을 구성해 줌으로써 지속적이고 흥미로운 탐색이 일어나도록 하여야 한다. 특히 유아는 영아와 달리 사물에 대해 궁금한 점을 알아보기 위해 또래 및 교사와 함께 탐색, 관찰, 분류, 예측, 실험, 의사소통 등과 같은 기술을 적용하여 탐구과정에 능동적으로 참여하게 된다. 교사는 이러한 과정을 통해 유아가 여러 사물의 속성에 대해 서로 같은 점이나 다른 점을 비교해 보도록 격려하며 또래와 함께 의사소통을 통해 서로 다른 생각에 관심을 가질 수 있도록 격려하여야 한다.

## 2) 수학적 탐구하기

유아의 수학적 탐구하기는 '수와 연산의 기초개념 알아보기' '공간과 도형의 기초개념 알아보기' '기초적인 측정하기' '규칙성 이해하기' '기초적인 자료수집과 결과 나타내기'의 내용으로 구성되어 있다. 만 3세부터 유아는 자신의 나이를 말하거나 주변에서 수를 세는 것을 보면서 수에 흥미를 보이게 된다. 따라서 교사는 유아에게 '일, 이, 삼, 사, 오'와 같이 수의 이름을 순서대로 말하며 사물의 수를 세어 보는 기회를 제공하는 것이 필요하며, 일상생활 속에서 수가 어떻게 활용되는지 구체적인 활동을 통해 유아가 경험하게 할 수 있다. 예를 들어, 유아는 수가 전화번호나 비스번호의 이름처럼 사용되며 놀이 순서를 정하는 데 활용될 수 있음을 알게 된다.

유아는 구체적인 사물의 수량을 비교할 수 있다. 구체적으로 만 3세 유아는 눈으로 봐서 물체가 한 개 있는 것과 여러 개 있는 것의 차이를 알 수 있다. 따라서 교사는 눈으로 봐서 쉽게 수량의 차이를 알 수 있는 직관적인 수량 비교의 경험과 '많다, 적다'와 같은 수량을 지칭하는 언어를 사용하는 경험을 제공함으로써 유아에게 수량의 많고 적음의 개념을 습득시킬 수 있다. 만 5세가 된 유아는 수 세기를 통해 '몇 개'라는 수량적 의미를 알게 되며 이에 기초하여 점차 수들 간의 관계를 이해하게 된다. 즉, 유아는 10개의 사과가 3개의 사과와 7개의 사과로 구성되어 있다는 점을 시각적으로 이해할 수 있다. 만 3세부터 유아는 다섯 개 가량의 구체적인 사물에 대한 수 세기와 더불어 수량의 개념을 이해할 수 있다. 교사는 유아에게 구체적인 사물과 수를 일대일 대응시켜 수 세기를 할 수 있는 활동을 제시할 수 있으며 이러한 과정에서 유아는 수 세기를 하면서 수량을 비교할 수 있다.

또한 유아는 일상생활에서 물체의 수량을 더하거나 빼는 경험을 통해서 수량의 변화를 이해할 수 있다. 만 5세 유아는 한 자리수의 구체물에 대한 조작을 통해 물체를 합하면 처음보다 수량이 많아지고, 물체를 덜어내면 처음보다 수량이 적어진다는 개념을 이해할 수 있다. 따라서 교사는 유아가 구체적이고 조작적인 경험을 통해 더하고 감해지

는 수량의 변화를 충분히 경험하고 이해할 수 있도록 하는 것이 바람직하다

한편 유아는 공간과 도형의 기초개념을 습득할 수 있다. 구체적으로 유아 자신의 기준으로 '앞, 뒤, 옆, 위, 아래'를 인식하고 언어로 표현할 수 있으며 공간 내 물체들 간의 위치, 방향, 거리를 인식할 수 있다. 또한 일상생활에서 접하는 사물의 외양에 관심을 가지며 물체의 모양은 바라보는 위치에 따라 달라질 수 있음을 추론해 낼 수 있다. 또한 유아기에 접어들면서 기본 도형의 모양을 범주(예: 세모, 네모)로 구분함으로써 도형의 개념을 습득하며 도형을 사용하여 여러 가지 모양으로 구성해 볼 수 있다. 따라서 교사는 일상생활에서 유아에게 자신과 사물을 기준으로 위치를 표현할 수 있는 기회를 제공하며, 블럭과 퍼즐 등을 활용하여 기본 도형을 외양에 따라 구분하며 다른 모양으로 구성해 볼 수 있는 활동을 실시해 볼 수 있다. 유아는 임의의 측정단위를 사용하여 사물을 비교하며 특정 기준(예: 길이, 크기, 무게)에 따라 사물을 순서대로 나열할 수 있다. 또한 만 4세가 되면서 유아는 객관적인 측정단위의 필요성을 인식하고 연필이나 끈 등의 측정단위를 선택하여 사물을 측정할 수 있다.

'규칙성 이해하기'는 유아가 일상생활에서 사물이나 사건의 양상이 일정한 순서대로 반복적으로 제시되는 규칙을 이해하도록 하는 내용을 포함하고 있다. 유아는 일상생활의 사물이나 사건의 규칙성을 이해하며 그것을 토대로 다음 상황을 예측할 수 있다. 예를 들어, '빨강-노랑-빨강-노랑'의 규칙으로 제시된 블록을 제시하면 유아는 그 규칙을 이해하며 그대로 블록을 배열할 수 있게 된다. 따라서 교사는 음률 영역을 통해 반복적인 리듬과 동물소리를 제시하거나 블록 영역에서 다양한 색깔의 블록을 제공함으로써 유아가 자연스럽게 사물이나 상황의 규칙성을 습득할 수 있도록 하여야 한다.

'기초적인 자료 수집과 결과 나타내기'는 일상생활에서 탐구하고자 하는 문제를 해결하기 위해 필요한 자료에 대한 수집, 정리, 결과제시, 해석 등의 과정과 관련된 내용이다. 만 4, 5세 유아는 필요한 정보나 자료를 수집하기 위해서 책 찾아보기, 관찰하기, 실험하기 등의 다양한 방법을 통해 탐구하려는 문제해결에 대한 유용한 정도를 수집하며 수집된 정보와 자료를 공통된 속성(예: 모양, 크기)에 따라 분류할 수 있다. 또한 유아는 수집된 자료를 다른 속성으로 재분류할 수 있으며 수집된 자료의 결과를 그림, 사진, 기호, 숫자 등을 사용하여 제시할 수 있다.

## 3) 과학적 탐구하기

유아의 과학적 탐구하기는 '물체와 물질 알아보기' '생명체와 자연환경 알아보기' '자연현상 알아보기' '간단한 도구와 기계 활용하기'의 내용으로 구성되어 있다. '물체와 물질 알아보기'는 유아가 일상생활 속에서 접하는 친숙한 물체와 물질에 관심을 가지고 기본적인 특성을 알아보며, 점차 여러 가지 방법으로 물체와 물질을 변화시켜 보는 것에 대한 내용이다. 만 3세 유아는 생활 속에서 사용되는 물체와 물질의 크기, 모양, 냄새, 소리, 질감과 같은 기본적인 속성에 대해 탐색하는 것을 즐긴다. 그러므로 교사는 유아에게 익숙한 여러 가지 속성을 가진 물체나 물질(예: 크기와 색, 질감이 다른 다양한 공, 밀가루 반죽)을 제공해 주어 자연스럽게 탐색하면서 그 물체나 물질이 가지고 있는 기본적인 특성을 알아볼 수 있도록 하여야 한다. 예를 들어, 유아는 밀가루 반죽을 만들 때 밀가루의 기본적인 특성을 아는 것과 더불어 물을 넣어 밀가루 반죽으로 변화되는 과정에서 밀가루 반죽의 끈적거리는 것과 같은 세부적인 특성도 알아볼 수 있다. 또한 만 4, 5세 유아는 관심을 가진 물체나 물질을 발견하면 잘라보거나 다른 것과 섞거나 분리해 내는 등 여러 가지 방법으로 변화시켜 봄으로써 물체와 물질의 크기, 모양, 색, 질감 등의 속성 중 변화되는 특성은 무엇이고, 변치 않는 속성은 무엇인지에 대해 알 수 있다.

'생명체와 자연환경 알아보기'는 유아가 자신의 출생과 성장 과정뿐만 아니라 주변의 동식물에 관심을 갖고, 생명체에 직접적인 영향을 미치는 자연 환경을 알아봄으로써 생명체와 자연환경을 존중하고, 녹색환경을 소중히 여기도록 하는 내용이다. 만 3, 4세 유아는 자신의 몸을 탐색하면서 신체의 이름과 위치, 기능에 관심을 갖게 되고, 점차적으로 출생과 성장에 대해서도 알고 싶어 한다. 따라서 교사는 인간이 출생해서 성장하는 과정에 대한 사진이나 동영상 자료 등을 통해 출생과 성장에 대한 유아의 관심을 확장시킬 수 있다. 또한 만 5세 유아는 현재 자신의 신체 조건을 출생 시와 비교하면서 성장의 의미를 이해하고, 변화의 개념을 알아간다. 그러므로 교사는 출생 시의 유아의 몸무게와 키에 대한 여러 가지 자료를 통해 현재 자신의 신체 조건과 비교해 보고, 앞으로 더 성장하는 데 필요한 음식과 관련지어 보는 활동을 진행해 볼 수 있다. 한편 만 3세 유아는 주변의 동식물에 관심을 가지게 되면 만져 보거나 상호작용하기를 원한다. 따라서 교사는 동식물 관찰하기. 동·식물원의 견학, 동식물 전문가와 이야기 나누기, 인터넷 검색 등의 직간접적인 경험을 통해 유아들이 궁금했던 특성과 정보를 알아보는 내용을 다룰 수 있다.

유아는 생명체에 대하여 자연스러운 친근감과 흥미를 가지고 있기 때문에 유아기부터 생명체에 대한 올바른 인식을 가지고, 함께 공존하고 존중할 수 있는 마음을 길러 주어야 하며 생명체가 살아가기에 적절한 환경에 대한 이해가 필요하다. 따라서 교사는 동식물의 관점을 잘 표현해 낸 그림책을 읽거나 동식물의 입장이 되어 보는 극놀이를 하면서 유아가 생명체의 관점을 이해하고 소중히 여기는 마음을 가질 수 있도록 하여야 한다. 또한 유아가 환경의 중요성과 생명체가 살기 좋은 환경을 인식하기 위하여 교사는 자동차에서 나오는 배기가스나 더러운 폐수를 관찰하고 이야기 나누기, 물 아껴 쓰기, 쓰레기 분리수거하기, 음식물 쓰레기 줄이기 방법 등과 같은 활동을 제공할 수 있다.

유아는 생활 속에서 쉽게 접할 수 있는 자연물이나 자연현상에 대해 관심을 갖고 변화하는 자연의 본질에 대한 이해를 도모할 수 있다. 유아는 주변의 여러 장소에 있는 물과 흙, 돌을 비교해 보면서 자연물이 시간이나 장소에 따라 변화할 수 있다는 것을 알 수 있다. 또한 만 5세 유아에게 낮과 밤, 날씨의 변화는 일상생활에서 매일 경험하는 현상이다. 따라서 교사는 유아가 맑은 날, 바람이 부는 날, 비가 오는 날, 눈 오는 날의 날씨에 맞는 옷과 용품을 선택한 후 바깥으로 나가서 직접 경험하고, 이야기를 나누며 날씨에 관심을 가지도록 할 수 있다. 특히 만 5세 유아는 날씨와 계절별 기후의 변화를 경험하면서 황사, 가뭄과 홍수, 태풍, 한파, 폭설과 같은 자연현상에 대해 관심을 가지게 된다. 그러므로 교사는 지구 온난화에 따른 기후변화와 같은 자연현상에도 유아가 관심을 확장할 수 있도록 지도할 필요가 있다.

또한 유아는 주변에서 쉽게 볼 수 있는 간단한 도구나 기계에 관심을 갖는다. 따라서 교사는 유아가 매일 다루는 지퍼나 단추, 가위와 같은 아주 간단한 도구에 대한 관심부터 이끌어내고, 점차적으로 생활 속에서 사용되는 다양한 도구와 기계에 대해 관심을 갖도록 하여야 한다. 특히 교사는 미용실 놀이를 통해 미용가위나 빗 같은 도구를 사용하거나 카메라를 사용하여 직접 사진을 찍어보거나 컴퓨터를 사용하여 궁금한 내용을 조사하는 등 생활 속에서 필요한 도구와 기계를 활용하는 유아의 능력을 기를 수 있다. 특히 유아는 새롭게 개발되는 도구나 기계에 관심을 가지고 장단점을 인식할 필요가 있다. 만 5세 유아는 생활에 많은 도움을 주고 있는 컴퓨터나 스마트폰과 같은 새로운 기계에 관심을 가지고 있으므로 직접 작동과정을 탐색하고 활용해 보면서 편리함을 인식할 뿐 아니라 도구와 기계를 올바르게 사용하지 못하면 오히려 해가 될 수 있음을 아는 것도 필요하다. 따라서 교사는 현재 우리 생활에 지대한 영향을 주는 컴퓨터는 적절히 사용한다면 다양한 정보를 빠르게 제공해 주는 장점이 있으나, 잘못 사용하거나 장시간 지속적으로 사용하게 되면 몸에 해를 미칠 수 있다는 내용을 유아에게 인식시킬 필요가 있다.

# 제5장

# 영유아 과학교육 방법 및 평가

🖋️▼ **학습개요**

이 장에서는 영유아 과학교육을 위한 교수–학습방법과 교사의 역할, 과학활동을 위한 환경과 평가
방법을 제시하고자 한다.

🖋️▼ **학습과제**

1. 영유아 과학교육을 위한 교수–학습방법의 원리는 무엇인가?
2. 영유아 과학교육을 위한 교사의 역할은 어떠한 것이 있을까?
3. 영유아 과학교육을 위한 환경구성을 실내 환경에 초점을 맞추어 설명해 보세요.

# 1. 영유아 과학교육을 위한 교수-학습방법

영유아 과학교육을 위한 교수-학습방법에 대해 여러 학자들은 탐구중심의 과학교육, 발견적 과학교육 등의 개념을 통해 설명하고 있으나(김경미, 김현주, 송연숙, 2013; 이기현, 2013; 이민정, 이연승, 전지형, 강민정, 이해정, 김정희, 전윤숙, 박주연, 2012), 기본원리는 유사하다. 영유아 과학교육에서는 과학지식을 전달하기보다 영유아가 자유롭게 자신의 환경을 탐색하고 자료를 수집하며 사고를 정리할 수 있는 과정적 사고를 강조한다.

영유아 과학교육을 위한 탐구 및 발견중심 교수-학습방법의 기본원리는 다음과 같다.

## 1) 영유아 주도의 과학교육

영유아는 자연과 물리적 환경에 대해 느끼는 호기심을 충족할 수 있도록 다양한 도구와 자료를 가지고 자유롭게 놀이하면서 탐구하면서 '왜, 무엇이, 어떻게' 등에 대한 해답을 스스로 발견해 나가게 된다. 영유아가 주도적으로 과학활동에 참여하기 위해서 교사는 영유아의 발달적 특성, 사전경험, 흥미 등을 고려하여 적합한 과학활동을 준비하는 것이 중요하다.

영유아 주도의 과학활동은 탐색-발견/고안-적용의 과정을 통해 이루어진다(김미경, 1998, 재인용). 우선 영유아의 과학활동은 어떤 주제나 현상에 친숙해지도록 학습자료를 탐색하는 단계로부터 시작된다. 그 후 영유아는 기존의 자신의 경험과 현재 탐색하는 주제나 현상을 연결시킴으로써 과학적 생각이나 원리를 발견할 수 있다. 이 과정에서 교사는 개방적 질문을 하거나 적절한 자료와 환경을 추가적으로 제시함으로써 영유아가 스스로 과학적 원리를 발견해 낼 수 있도록 촉진할 수 있다. 그다음 단계는 응용으로 고안해 낸 과학적 원리를 새로운 환경에 적용해 볼 수 있다(김경미 외, 2013).

탐구 및 발견중심의 과학활동의 구체적인 과정은 다음과 같이 제시될 수 있다([그림 5-1] 참조). 즉, 과학활동을 수행할 때, 교사는 활동주제와 관련된 동영상, 사진 등을 제

| 사전 흥미 유발하기 | • 활동주제와 관련된 다양한 자료(예: 사진, 동영상, 그림책) 등을 제공하여 감각기관과 신체를 사용하여 사물, 현상을 탐색하는 단계 |

| 예측하기 | • 활동주제와 관련된 실험 등을 할 때, 실험 전에 그 결과를 예측해 보는 단계 |

| 활동에 참여하기 | • 활동주제와 관련된 다양한 활동(예: 실험, 조사)에 참여하여 결과를 이해하기 |

| 기록하기 | • 활동을 통해 얻어진 결과를 기록하여 분석하는 단계 |

| 의사소통하기 | • 기록한 결과를 통해 알게 된 과학적 개념과 원리에 대해 이야기해 보기 |

| 연계 활동하기 | • 활동을 통해 획득한 과학적 경험을 다른 활동 및 상황에 적용하기 |

[그림 5-1]  탐구 및 발견중심의 과학활동 과정

시함으로써 영유아의 호기심을 유발하고, 활동주제와 관련된 실험 및 조사 등의 구체적 활동에 참여함으로써 알게 된 과학의 원리를 의사소통을 통해 정리하며 이를 다른 상황에 적용해 보는 과정을 거칠 수 있다(이민정 외, 2012).

## 2) 개별활동 및 소집단 중심의 과학교육

영유아를 대상으로 보육현장에서 과학활동을 진행할 경우 개별 수업 및 소집단 수업이 바람직하다. 나이가 어린 만 0~1세 영아의 과학활동은 주로 개별적으로 수행하되, 영아가 주변 사물에 호기심을 가지고 반복적으로 탐색하도록 하는 것이 중요하다. 그러나 만 3세 이후 유아의 과학활동을 진행하는 데 있어 소집단 중심의 과학활동은 유아의 개별적 탐구활동과 더불어 유아 개인의 사고를 다른 또래와 비교하고 확인할 수 있는 경험을 제공할 수 있으므로 효과적이다.

소집단 활동은 2~8명의 영유아가 흥미, 요구, 발달수준이 유사한 또래와 함께 참여하는 활동으로, 영유아-영유아, 영유아-교사, 영유아-교구 간의 상호작용이 적극적으로 이루어질 수 있다(김경미 외, 2013). 교사는 소집단 활동을 통해 과학적 개념을 다양한 활동을 통해 제시할 수 있으며 과학적 활동에 참여하여 획득된 개념과 원리를 또래와의 의사소통을 통해 보충, 확인함으로써 사고의 질적 향상을 유발할 수 있다.

한편 영유아가 원할 경우 소집단 활동은 또래 간 협동학습으로 발전할 수 있다. 협동학습은 소집단을 구성하는 모든 구성원이 공동의 학습과제나 학습목표를 달성하기 위해 함께 노력하는 수업방법이다. 과학활동에서 소집단 협동학습의 의의는 비고츠키의 사회적 구성주의 관점에서 찾아볼 수 있다. 과학적 개념 및 이론은 개인이 사물과 현상에 개별적으로 상호작용함으로써 결과를 도출할 뿐 아니라 자신이 속한 공동체에서 자신이 학습한 과학적 개념과 원리의 타당성을 의사소통을 통해 확인받을 필요가 있다. 즉, 영유아는 또래 및 교사와 의사소통을 통해 자신이 획득한 과학적 개념 및 원리를 좀 더 명확하게 이해할 수 있으며 문제를 해결해 나갈 수 있다. 이러한 과정에서 교사 및 또래는 비계역할을 수행함으로써 영유아는 한 단계 발전된 과학적 개념 및 원리를 획득할 수 있게 된다.

## 3) 과학교육에서 실험의 활용

실험은 새로운 사실을 발견하거나 가설을 검증하기 위한 의도적으로 조작된 활동으로, 과학적 개념, 태도, 기술을 함양시키는 데 효과적으로 활용될 수 있다. 영유아 과학교육은 관찰 가능한 사물과 자연현상을 주로 다루기에 실험을 통해 직접적 발견과 관찰을 효과적으로 활용할 수 있다.

실험은 크게 두 가지 기능을 가지고 있다(김찬종, 채동현, 임채성, 1999, 재인용). 탐구적 실험은 실험자에게 잘 알지 못했던 해답이나 정보를 제공할 수 있으며 동시에 알려진 과학적 원리 및 사실, 개념을 확인해 줄 수 있다. 따라서 교사는 영유아와 토의한 것을 확인하거나 영유아가 새로운 과학적 개념 및 원리를 발견하도록 하기 위해 실험을 수행할 수 있다. 교사가 과학활동에서 실험을 활용할 경우 고려할 사항은 다음과 같다.

- 영유아의 수준을 고려하여 실험을 선택한다.
- 실험 과정 중 교사는 영유아의 발달수준에 따라 교사 참여도를 조절한다.
- 실험을 수행하기 전, 교사는 사전 실험을 수행함으로써 실험을 통해 얻고자 하는 목표를 달성할 수 있도록 준비하여야 한다.
- 실험과정에 영유아는 능동적으로 참여할 수 있는 방안을 모색하여야 한다.
- 영유아와 함께 실험에 앞서 예측되는 결과(가설)를 설정한다.
- 실험과정에서 발생할 수 있는 안전사고에 대비하여야 한다.
- 실험 시 영유아의 발달수준 및 흥미에 따라 실험에 참여하는 영유아 수를 고려하여야 한다.
- 실험도구가 영유아의 신체운동 발달수준에 적합한지, 영유아 인원에 적합한지 확인한다.
- 영유아가 특정 과학개념 및 원리를 습득할 수 있도록 다양한 실험을 경험하도록 한다.

* 출처: 김경미 외(2013). 현장중심 유아과학교육. 창지사.

## 2. 영유아 과학교육을 위한 교사의 역할

영유아 과학교육을 위한 교사의 역할은 교육계획 및 교육진행, 교육평가로 나누어 설명될 수 있다(김경미 외, 2013; 이기현, 2013; 이민정 외, 2012).

### 1) 교육계획

#### (1) 영유아 발달수준 및 흥미 진단
교사가 영유아 과학교육을 계획하기 위해서 우선적으로 할 일은 영유아의 발달수준 및 사전지식과 경험, 흥미와 요구 등을 파악하는 일이다. 영유아의 발달수준과 흥미를 진단하기 위해 교사는 영유아와 상호작용하면서 행동을 관찰하거나 영유아의 활동결과물을 분석하는 방법 등을 적용해 볼 수 있다.

### (2) 활동계획

교사가 과학교육을 계획할 때, 영유아의 흥미를 고려하되, 영유아의 현재 발달 수준보다 다소 높은 단계의 활동을 고려하는 것이 중요하다. 즉, 비고츠키의 근접발달 영역 내에서 교사는 영유아를 과학교육을 계획하고 수행하는 것이 영유아의 발달수준을 향상시킬 수 있다.

### (3) 활동환경

교사는 과학교육을 진행하기 전, 영유아가 흥미를 가지고 상호작용할 수 있는 자료와 교구 등을 충분히 준비하며 교사 자신이 과학에 대해 긍정적인 태도를 가지고 영유아가 충분히 탐색할 수 있도록 허용적인 분위기를 조성하는 것이 중요하다.

## 2) 교육진행

### (1) 활동의 안내

과학활동을 진행할 경우, 교사는 영유아가 과학에 대한 호기심과 탐구심을 가지고 자

〈표 5-1〉 비계의 유형

| 유형 | 정의 |
| --- | --- |
| 영유아의 흥미 유발하기 | • 영유아가 과학활동에 흥미를 유발하도록 지원 |
| 과제해결을 위해 필요한 행동의 범위를 제시하기 | • 영유아가 과제해결을 위해 필요한 전략 및 행동의 범위를 제시하기 |
| 방향 제시하기 | • 영유아가 과제해결에 대한 동기를 유지하며 다음 단계의 과제에 도전할 수 있도록 방향 제시 |
| 과제의 주요 속성 제시하기 | • 과제가 요구하는 속성을 제시함으로써 영유아가 도출해낸 것이 과제의 속성에 부합하는지 제시 |
| 좌절감 극복을 위해 지원하기 | • 영유아가 과제를 수행하는 데 경험할 수 있는 좌절감을 극복할 수 있도록 지원 |
| 시범 보이기 | • 과제해결을 위해 교사가 시범을 보이기 |

* 출처: 김경미 외(2013). 현장중심 유아과학교육. 창지사.

발적으로 활동에 참여할 수 있도록 과학활동을 소개하고 영유아가 탐색하는 과정을 통해 과학적 개념과 원리를 형성할 수 있도록 도와주어야 한다. 교사가 영유아의 과학활동을 안내하는 과정은 비고츠키의 비계를 통해서 설명될 수 있다. 교사가 영유아의 과학활동에서 제공할 수 있는 비계의 유형(Wood, Brunner, & Ross, 1976)은 〈표 5-1〉과 같이 제시될 수 있다.

### (2) 활동의 참여

교사가 영유아와 함께 활동에 참여하면서 탐구하는 태도는 영유아가 과학적 사고와 태도를 형성하는 데 긍정적인 영향을 미친다. 즉, 교사는 영유아와 함께 과학활동에 참여하면서 호기심을 가지고 관찰하고 활동을 통해서 얻어진 결과에 대해 영유아와 자유롭게 이야기를 나누는 과정을 통해 영유아의 참여를 조장하며 영유아의 발달적 변화를 관찰해 볼 수 있는 기회를 제공받을 수 있다.

### (3) 질문제공

교사가 영유아와 함께 과학활동에 참여하면서 제공하는 질문은 영유아의 활동을 확장시켜 주며 문제해결에 대한 실마리를 제공할 수 있다. 교사가 과학활동을 진행하면서 제공할 수 있는 질문의 유형으로 영유아의 사전경험 및 지식수준을 진단하기 위한 질문(예: '가을에 볼 수 있는 꽃은 어떤 것이 있을까?'), 과학활동을 수행하면서 영유아의 주의집중을 유도하거나 구체적인 탐색방법을 제안하는 질문(예: '금붕어는 어디로 움직일까?' '어떻게 하면 얼음을 녹일 수 있을까?'), 영유아의 과학적 사고를 촉진할 수 있는 질문(비교, 분류, 예측, 추론)(예: '어느 것이 더 무겁니?' '여기 있는 물건 중 어떤 것들은 같은 것으로 모을 수 있을까?' '~하면 어떻게 될까?' '빨간색 물감과 파란색 물감이 섞이면 어떤 색이 될까?') 등을 들을 수 있다.

교사는 과학활동을 진행하면서 영유아에게 질문을 할 경우 다음과 같은 점을 고려해야 한다.

- 가능한 개방적 질문을 많이 한다.
- 적절한 시기에 질문을 한다(예: 영유아가 활동에 집중하고 있을 때, 질문을 자제하며 영유아가 문제에 부딪혔을 때, 문제해결 방안을 안내할 수 있는 질문을 할 것).
- 한 번에 한 가지 질문만 하고 질문을 한 후 대답할 영유아를 지시해 준다.
- 질문 후 영유아가 대답할 수 있는 시간을 준다.
- 영유아의 대답을 명료화해 준다.
- 영유아의 대답과 반응에 대해 긍정적 강화를 해 준다.
- 영유아가 두려움을 갖지 않고 편안하게 질문할 수 있는 분위기를 조성해 준다.

## 3) 교육평가

### (1) 영유아의 활동에 대한 평가

교사는 과학활동에 참여 중인 유아를 관찰하고 기록하는 평가 과정을 통해 다음 활동을 효과적으로 계획할 수 있다. 영유아의 행동을 관찰하고 기록하는 방법은 일화기록, 행동척도 및 체크리스트 활용, 포트폴리오 등을 들을 수 있다.

교사는 일화기록을 통해 과학활동을 진행하면서 영유아 개인별로 보이는 특정한 행동을 중심으로 그 행동이 일어난 전후 맥락을 함께 살펴볼 수 있다. 일화기록 시, 교사는 영유아의 행동에 대한 주관적 해석을 자제하여 객관적으로 기록하여야 한다. 또한 교사는 과학활동을 진행한 후, 영유아의 과학적 사고 및 태도 등과 관련된 행동척도 및 체크리스트를 활용하여 영유아를 평가해 볼 수 있다. 행동척도와 체크리스트를 통한 영유아 과학활동에 대한 평가자료는 수량화가 가능하며 과학교육 이전과 이후의 영유아의 발달적 변화를 비교해 볼 수 있다. 한편 포트폴리오는 영유아의 과학적 개념과 태도의 발달정도를 보다 신뢰롭게 분석해 볼 수 있는 기회를 제공한다. 즉, 교사는 영유아의 활동자료, 그림, 교사의 관찰기록, 부모면담 자료 등을 담은 영유아 개인별 포트폴리오를 통해 영유아의 과학적 사고 및 태도 변화 등을 다양한 차원에서 종합적으로 분석해 볼 수 있다.

## (2) 교육활동에 대한 평가

교사는 진행된 과학활동이 교육목표에 달성했는지 평가함으로써 추후 활동을 계획시 반영하여야 한다. 교육활동에 대한 평가는 다음과 같은 영역에서 수행될 수 있다.

- 진행된 과학활동이 교육목표 달성에 기여했는가?
- 진행된 과학활동이 영유아 발달에 도움을 줄 수 있는 활동이었는가?
- 과학활동을 진행하면서 적용한 운영형태(예: 개별활동 또는 소집단 활동)와 구비된 자료와 교구 등이 적절하였는가?

## (3) 교사 자신에 대한 평가

교사는 영유아 과학교육의 전문성을 발전시키기 위해 지속적으로 자신을 평가해야 된다. 구체적으로 교사는 동료교사와 서로의 교육적 경험에 대해 토의하고, 과학교육을 위한 워크숍이나 연수과정, 학회 등에 참여하며 전문가에게 장학지도를 받음으로써 전문가로서의 성장을 도모할 수 있다.

## 3. 과학활동을 위한 환경

영유아는 호기심을 가지고 주변 환경을 적극적으로 탐색하며 그들이 알고자 하는 욕구를 충족시켜 나간다. 영유아가 과학적으로 풍부한 환경에서 탐색하고 활동해 보는 경험은 스스로 탐구하는 태도를 형성하고, 과학과 사회와의 관계를 인식하게 되는 기회를 갖게 한다. 따라서 풍부한 과학활동 자료의 준비와 영유아가 새로운 것을 탐색하고 실험해 볼 수 있는 과학활동의 계획은 매우 중요하다. 영유아의 발달 수준에 적합한 다양한 과학 자료 및 교구를 가지고 안전한 과학 영역을 제공해 주는 것은 영유아의 수학적 · 과학적 기초 능력을 형성하는 데 도움이 된다(White & Coleman, 2000). 유아교육기관의 과학 영역의 구성 원리에 대해 살펴보면 다음과 같다.

- 조용하고 밝으면서 물을 이용하기 가까운 곳에 과학 영역(영아반의 경우, 감각탐색 영역)을 조성한다.
- 낮은 탁자와 교구장을 준비하고 벽면에 생활주제와 관련한 과학 그림자료를 유아의 눈높이에 맞추어 게시하며, 적절한 시기에 교체한다.
- 탐색, 관찰, 실험 등의 과학활동이 자연스럽게 이루어질 수 있도록 작은 화분이나 어항 등을 준비하여 식물이나 동물을 관찰하고 탐색할 수 있도록 배치하고 확대경, 저울, 지구본, 자석 등과 같은 다양한 과학 도구 및 자료를 제공한다.
- 생활 주제와 유아의 발달 특성에 맞추어 각 영역에 비치된 교구를 교체하고, 지속적으로 새로운 과학활동 자료를 추가한다.
- 실외 놀이 공간에 물 · 모래놀이 영역, 탐색 및 관찰 영역을 제공하고 필요한 경우 실내에서의 활동이 실외까지 확장될 수 있도록 구성한다.
- 실외 놀이 공간에 텃밭 가꾸기, 동물 기르기 등을 하여 동식물을 가까이에서 보살피고 기르는 경험을 갖게 한다.

## 1) 영아를 위한 환경구성

### ① 실내 영역구성 및 과학교구

영아는 오감각을 활용한 탐색을 통해 인지능력이 발달하므로 풍부하고 다양한 감각·탐색 놀잇감이 준비되어 있어야 한다. 영아는 눈과 입과 손과 발 등 신체감각을 활용하여 놀잇감을 탐색한다. 영아의 인지발달을 위해서는 모든 놀잇감이 위험한 요소가 없어야 하며 영아의 발달수준에 부합해야 한다. 또한 영아가 쉽게 탐색할 수 있는 위치에 감각탐색 자료를 제시해 주어야 하며, 지름의 크기가 3.5cm 이상으로 큰 놀잇감을 제공해야 한다.

[그림 5-1]    영아를 위한 탐색환경

[그림 5-2]    영아 탐색활동 자료

② 실외환경

영아들의 실외환경을 계획할 경우에는 영아의 신체 및 사회, 정서, 인지발달을 촉진
시켜 줄 수 있는 경험을 제공해 주어야 한다. 매일 30분 이상의 산책 혹은 실외놀이를 통
해 해, 바람, 그늘, 나무, 자연의 변화, 날씨 등을 감각적으로 느낄 수 있도록 격려해야
한다. 영아들은 실외활동을 통해 신체 발달이 증진되고 사회성이 발달하는 기회를 얻게
되며 물, 모래놀이 같은 창의적 활동에 참여함으로서 놀이에 대한 만족과 즐거움을 느
끼게 된다.

[그림 5-3]    영아를 위한 실외환경

## 2) 유아를 위한 환경구성

① 영역구성 및 과학교구

유아를 위한 과학 영역은 유아의 탐구심을 촉진하고, 호기심을 자극하여 자발적으로
탐색할 수 있도록 해야 한다.

과학 영역에는 화분, 자석, 현미경, 저울, 어항, 자연물, 온도계 등을 제시하여 유아들
이 일과 속에서 자연스럽게 사물과 현상에 대해 탐색할 수 있도록 해야 한다. 유아들은
자연과 물체에 대한 호기심이 왕성하기 때문에 이를 충족하기 위한 다양한 교구 및 실
험기구들이 필요하다.

주변에서 쉽게 관찰할 수 있는 자연물이나 다양한 감각자료를 수집하여 과학 영역에
배치하고 적극적으로 탐색할 수 있도록 한다. 또한 주기적으로 새로운 자료로 교체하여

[그림 5-4]    유아를 위한 실내환경

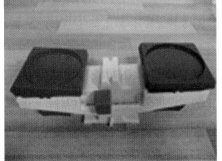

[그림 5-5]    유아 과학활동자료

유아들의 탐구활동이 지속적으로 이뤄질 수 있도록 해 주어야 한다. 교구제시에 있어서 물체와 물질, 생명체와 자연환경, 자연현상, 도구와 기계 등의 다양한 내용을 주제와 맞게 배치하여 통합적으로 연계하는 것이 바람직하다.

② 실외환경

실외활동을 통해 유아는 자연환경을 탐색할 수 있으며, 동물과 식물을 접할 수 있다. 또한 물과 모래놀이, 목공놀이를 통해 물질의 특성을 실험하고 조사할 수 있는 활동을 할 수 있다. 실외활동은 유아가 다양한 색, 냄새, 소리, 모양, 크기, 재질, 날씨, 시간, 공간 등을 경험할 수 있도록 구성되어야 한다. 놀이기구, 화단, 텃밭, 숲, 물, 모래, 그늘, 벤치 등을 마련하여 유아가 과학 활동을 자연스럽게 경험하고 과학적 개념을 발달시키는 데 도움이 되도록 해야 한다.

[그림 5-6]   유아를 위한 실외환경

## 3) 과학활동을 위한 도서

과학과 관련된 영유아용 도서는 과학적 용어를 사용할 수 있는 기회를 재고하여, 간접적으로 과학적인 사실을 접함으로써 지식을 탐색하고 형성하는 데 많은 도움이 된다. 주제와 관련된 과학도서를 언어 영역에 배치하여 영유아들이 도서를 통해서 과학을 접할 수 있도록 기회를 제공해야 한다.

〈표 5-2〉 영유아 과학도서

| 과학교육 내용 영역 | | 관련도서 | 저자 | 출판사 |
|---|---|---|---|---|
| 생명 과학 | 식물 | 과일이 좋아요 | 애플비 | 애플비 |
| | | 커다란 수박 | 신순재 | 아이세움 |
| | | 난 토마토 절대 안먹어 | 로렌 차일드 | 국민서관 |
| | 동물 | 동물원 | 앤서니 브라운 | 웅진 주니어 |
| | | 나비가 된 애벌레 | 에릭 칼 | 더 큰 |
| | | 숲속의 동물들 | 꼬마대통령 | 꼬마대통령 |
| | 인체 | 우리 몸 털털털 | 김윤경 | 웅진주니어 |
| | | 우리 몸속에 무엇이 들어 있다고? | 김영명 | 사계절 |
| | | 방귀가 뿡뿡뿡 | 미키빈 | 애플비 |

| | | | | |
|---|---|---|---|---|
| 물리<br>과학 및<br>화학 | 물리 | 자동차 박물관 | 양승현 | 초록아이 |
| | | 위험천만 배 만들어 타기 | 애너 피엔버그 | 문학동네어린이 |
| | | 힘은 내가 최고! 중장비 공사장차 | 김진용 | 삼성출판사 |
| | 화학 | 맛있는 구름콩 | 임정진 | 국민서관 |
| | | 파랑이와 노랑이 | 레오 리오니 | 물구나무 |
| | | 구리와 구라의 빵 만들기 | 나카가와 리에코 | 한림 |
| | 도구와<br>기계 | 우리는 짝꿍 도구 | 권은경 | 기탄교육 |
| | | 피터의 안경 | 에즈라 잭 키츠 | 비룡소 |
| | | 마술연필 | 앤서니 브라운 | 웅진주니어 |
| 지구 및<br>공간<br>과학 | 천체 | 태양이 들려주는 나의 빛 이야기 | 몰리 뱅 | 마루벌 |
| | | 달샤베트 | 백희나 | 책읽는 곰 |
| | | 그림자 놀이 | 에르베 튈레 | 루크북스 |
| | 지질 | 바위가 들려주는 이야기 | 무라카미 야스나리 | 한솔교육 |
| | | 물의 여행 | 엘레오노레슈미트 | 비룡소 |
| | | 강의 고향 | 강민경 | 여원미디어 |
| | 기상 | 바람이 불었어 | 팻 허친즈 | 시공주니어 |
| | | 야 비온다 | 이상교 | 보림 |
| | | 바람이 불 때에 | 레이먼드 브릭스 | 시공주니어 |

## 4. 유아 과학교육 평가

어린이집에서 유아 과학교육은 표준보육과정과 누리과정에 기초하므로, 유아 과학적 태도 및 기술, 개념을 평가하기 위해서는 국가단위의 보육과정의 자연탐구 영역의 목표와 내용을 고려하여야 한다. 이 장에서는 표준보육과정과 누리과정의 운영에 따른 영유아의 발달수준을 평가하기 위해 개발된 연령별 영유아 평가척도(이미화, 엄지원, 정주영, 2014; 이미화, 이정림, 여종일, 김경미, 김명순, 이경옥, 이완정, 이정욱, 최일선, 최혜영, 2012; 이미화, 정주영, 엄지원, 김희정, 김명순, 이경옥, 이완정, 이정욱, 최일선, 최혜영, 2013)를 소개하고자 한다.

〈표 5-3〉 만 0세용 평가척도: 자연탐구

| 관찰문항(관찰요소) | 척도 | | | |
|---|---|---|---|---|
| | 1 | 2 | 3 | 4 |
| 1) 주변의 사물에 대해 관심을 보인다. [관심] | | | | |
| 2) '있다 없다'에 관심을 갖는다. [대상영속성] | | | | |
| 3) 주변 사물의 모양을 지각한다. [모양 지각] | | | | |
| 4) 생활 주별의 자연물과 바람, 햇빛, 비 등을 감각으로 느낀다. [감각 지각] | | | | |

* 1점: '전혀 그렇지 않다' 2점: '그렇지 않다' 3점: '그렇다' 4점: '매우 그렇다'
* 진하게 처리된 내용은 과학교육과 직접적으로 관련이 있는 내용임
* 출처: 이미화 외(2014). 영아보육 질 제고를 위한 평가도구 개발 및 활용방안. 서울: 육아정책연구소.

〈표 5-4〉 만 1세용 평가척도: 자연탐구

| 관찰문항(관찰요소) | 척두 | | | |
|---|---|---|---|---|
| | 1 | 2 | 3 | 4 |
| 1) 주변의 사물에 대해 관심을 보이고 탐색한다. [관심] | | | | |
| 2) '한 개'와 '여러 개'를 구별한다. [수량 인식] | | | | |
| 3) 주변의 공간을 탐색한다. [탐색] | | | | |
| 4) 주변 사물의 모양에 관심을 갖는다. [모양 지각] | | | | |
| 5) 주변 동식물의 모양, 소리, 움직임에 관심을 갖는다. [동식물에 대한 관심] | | | | |
| 6) 생활 주변의 자연물과 바람, 햇빛, 비 등을 감각으로 느낀다. [감각 지각] | | | | |
| 7) 도움을 받아 생활도구를 탐색한다. [도구 탐색] | | | | |

* 1점: '전혀 그렇지 않다' 2점: '그렇지 않다' 3점: '그렇다' 4점: '매우 그렇다'
* 진하게 처리된 내용은 과학교육과 직접적으로 관련이 있는 내용임
* 출처: 이미화 외(2014). 영아보육 질 제고를 위한 평가도구 개발 및 활용방안. 서울: 육아정책연구소.

〈표 5-5〉 만 2세용 평가척도: 자연탐구

| 관찰문항(관찰요소) | 척도 | | | |
|---|---|---|---|---|
| | 1 | 2 | 3 | 4 |
| 1) 주변의 사물과 자연세계에 대해 호기심을 나타내고 탐색하기를 즐긴다. [호기심, 탐색] | | | | |
| 2) 많고 적음을 구별하고 세 개 가량의 수 이름을 말할 수 있다. [수량 인식, 수 이름 인식] | | | | |
| 3) 나를 중심으로 익숙한 위치, 장소를 안다. [위치와 장소 인식] | | | | |
| 4) 주변 사물의 모양과 크기에 관심을 갖는다. [모양과 크기에 대한 관심] | | | | |
| 5) 주변 사물의 같고 다름에 따라 구분한다. [차이 지각] | | | | |
| 6) 주변의 동식물의 모양, 소리, 움직임에 관심을 가진다. [특성 인식] | | | | |
| 7) 생활 주변의 자연물과 날씨 등을 감각으로 느낀다. [감각 지각] | | | | |
| 8) 생활 속에서 간단한 도구에 관심을 가지고 사용한다. [흥미, 자발성] | | | | |

* 1점: '전혀 그렇지 않다' 2점: '그렇지 않다' 3점: '그렇다' 4점: '매우 그렇다'
* 진하게 처리된 내용은 과학교육과 직접적으로 관련이 있는 내용임
* 출처: 이미화 외(2014). 영아보육 질 제고를 위한 평가도구 개발 및 활용방안. 서울: 육아정책연구소.

〈표 5-6〉 만 3세용 평가척도: 자연탐구

| 관찰문항(관찰요소) | 척도 | | |
|---|---|---|---|
| | 1 | 2 | 3 |
| 1) 주변의 사물과 자연세계에 대해 호기심을 가진다. [호기심, 자발성] | | | |
| 2) 궁금한 점을 알아보는 과정에 흥미를 가진다. [탐구과정에 대한 흥미, 자발성] | | | |
| 3) 물체를 세어서 5까지의 수량을 안다. [수의 순서/수량 인식] | | | |
| 4) 나를 중심으로 앞, 뒤, 옆, 위, 아래를 안다. [자신 중심의 위치 및 방향 인식] | | | |
| 5) 물체의 모양에 관심을 가진다. [모양에 대한 관심, 자발성] | | | |
| 6) 두 물체의 길이와 크기를 비교할 수 있다. [길이와 크기 비교, 자발성] | | | |
| 7) 반복되는 규칙성에 관심을 가진다. [규칙성에 대한 관심, 자발성] | | | |
| 8) 같은 것끼리 짝짓기를 한다. [짝짓기, 자발성] | | | |

| 관찰문항(관찰요소) | 1 | 2 | 3 |
|---|---|---|---|
| 9) 친숙한 물체와 물질의 특성에 관심을 갖는다. [물질의 특성에 대한 관심, 자발성] | | | |
| 10) 자신의 출생과 성장이나 주변 동식물에 관심을 가진다. [관심, 자발성] | | | |
| 11) 생명체를 소중히 여긴다. [생명 존중 태도, 지속성] | | | |
| 12) 자연물과 자연현상에 관심을 가진다. [자연물과 자연현상에 대한 관심, 자발성] | | | |
| 13) 간단한 도구와 기계의 편리함에 관심을 가진다. [도구와 기계에 대한 관심, 편리성에 대한 인식] | | | |

* 1점: '미흡'  2점: '보통'  3점: '우수'
* 진하게 처리된 내용은 과학교육과 직접적으로 관련이 있는 내용임
* 출처: 이미화 외(2013). 3, 4세 누리과정 유아관찰척도 개발. 서울: 육아정책연구소.

〈표 5-7〉 만 4세용 평가척도: 자연탐구

| 관찰문항(관찰요소) | 척도 | | |
|---|---|---|---|
| | 1 | 2 | 3 |
| 1) 주변 사물과 자연세계에 대해 지속적으로 호기심을 가진다. [호기심, 자발성] | | | |
| 2) 궁금한 점을 알아보는 탐구과정에 관심을 가지고 참여한다. [탐구과정 참여, 적극성] | | | |
| 3) 일상생활의 문제를 해결하는 과정에 탐색, 관찰의 방법을 활용한다. [탐색, 관찰의 활용, 자발성] | | | |
| 4) 물체를 세어서 10까지의 수량을 안다. [수의 순서, 수량 인식] | | | |
| 5) 위치와 방향을 여러 가지 방법으로 나타낼 수 있다. [자신, 다른 사물 중심의 위치와 방향 인식, 위치와 방향의 표상] | | | |
| 6) 기본도형의 특성을 알고, 도형을 합하거나 나눌 수 있다. [도형의 특성 인식, 도형 합하기, 나누기, 자발성] | | | |
| 7) 두 물체의 길이와 크기, 무게를 비교할 수 있다. [길이, 크기, 무게 비교, 자발성] | | | |
| 8) 반복되는 규칙성을 인식하고 모방한다. [규칙성 인식, 규칙성 모방] | | | |
| 9) 간단하게 필요한 자료나 정보를 수집하고 한 가지 기준으로 분류한다. [자료수집 능력, 자료분류 능력] | | | |
| 10) 친숙한 물체와 물질의 기본적인 특성을 알고, 물질을 여러 가지 방법으로 변화시킬 수 있다. [물질의 특성 이해, 물체 변화에 대한 관심] | | | |

| 11) 자신의 출생과 성장이나 관심 있는 동식물의 특성을 알아본다. [탐구, 자발성] | | | |
|---|---|---|---|
| 12) 생명체를 소중히 여기는 마음을 가지고, 생명체가 살기 좋은 환경에 대해 관심을 가진다. [생명체 존중의 마음, 환경에 대한 관심] | | | |
| 13) 자연물의 특성과 변화를 알아보고, 자연현상의 변화에 관심을 가진다. [자연물과 자연현상에 대한 관심, 자발성] | | | |
| 14) 간단한 도구와 기계의 편리함에 관심을 갖고 활용한다. [도구와 기계에 대한 관심 및 활용, 자발성] | | | |

* 1점: '미흡'  2점: '보통'  3점: '우수'
* 진하게 처리된 내용은 과학교육과 직접적으로 관련이 있는 내용임
* 출처: 이미화 외(2013). 3, 4세 누리과정 유아관찰척도 개발. 서울: 유아정책연구소.

〈표 5-8〉 만 5세용 평가척도: 자연탐구

| 관찰문항(관찰요소) | 척도 | | |
|---|---|---|---|
| | 1 | 2 | 3 |
| 1) 주변의 사물과 자연세계에 대해 지속적으로 호기심을 가진다. [주변환경과 자연세계에 대한 호기심, 호기심의 지속성, 탐구의지] | | | |
| 2) 탐구과정에 즐겁게 참여하고 자신과 다른 생각에 관심을 가진다. [탐구과정 참여, 흥미, 개방성] | | | |
| 3) 일상생활의 문제를 해결하는 과정에서 관찰, 분류, 비교, 예측 등의 탐구기술을 활용한다. [탐구기술 활용, 자발성] | | | |
| 4) 20까지 물체의 수량을 안다. [수량인식] | | | |
| 5) 구체물을 가지고 더하기와 빼기를 한다. [더하기와 빼기 능력] | | | |
| 6) 위치와 방향을 여러 가지 방법으로 나타내고, 자신의 위치와 사물의 위치에 따라 물체가 다르게 보이는 것을 안다. [위치 방향에 대한 이해, 공간시각화 능력] | | | |
| 7) 기본도형의 공통점과 차이점을 인식하고, 도형의 분해와 결합을 할 수 있다. [도형구분, 도형의 결합과 분해인식] | | | |
| 8) 길이, 크기, 무게의 속성을 비교하여 순서 짓고, 임의단위를 사용하여 길이를 측정한다. [비교 · 순서 짓기, 임의 단위인식, 길이측정] | | | |
| 9) 반복되는 규칙을 알고, 다음에 올 것을 예측하며, 스스로 규칙을 만든다. [규칙성 이해, 규칙의 복잡성, 규칙성 만들기] | | | |
| 10) 필요한 정보나 자료를 수집하고 분류하여 그래프로 나타낸다. [자료수집 능력, 자료분류 능력, 그래프 이해] | | | |

| | | | |
|---|---|---|---|
| 11) 주변의 여러 가지 물체와 물질의 기본 특성을 알고, 여러 가지 방법으로 변환시킬 수 있다. [물체의 특성 이해, 물체의 변화 방법 이해, 자발성] | | | |
| 12) 자신과 주변사람, 그리고 관심 있는 동식물의 특성과 성장과정을 알아본다. [자신과 주변사람 그리고 동식물 특성 및 성장과정에 대한 이해, 탐구태도의 지속] | | | |
| 13) 생명체를 소중히 여기고 생물체가 살기 좋은 녹색환경에 대해 안다. [생명체 존중의 마음가짐, 환경에 대한 이해, 생명체 존중 실천] | | | |
| 14) 자연물과 자연 현상의 특성 및 변화를 알아본다. [자연물의 특성에 대한 이해] | | | |
| 15) 도구와 기계에 관심을 가지며 장단점을 알고 활용한다. [도구와 기계에 대한 관심, 도구와 기계에 대한 이해, 도구와 기계의 활용] | | | |

* 1점: '미흡'  2점: '보통'  3점: '우수'
* 진하게 처리된 내용은 과학교육과 직접적으로 관련이 있는 내용임
* 출처: 이미화 외(2012). 5세 누리과정 운영에 따른 유아평가 연구: 평가척도 개발. 서울: 육아정책연구소.

제2부

영유아
과학교육의
실제

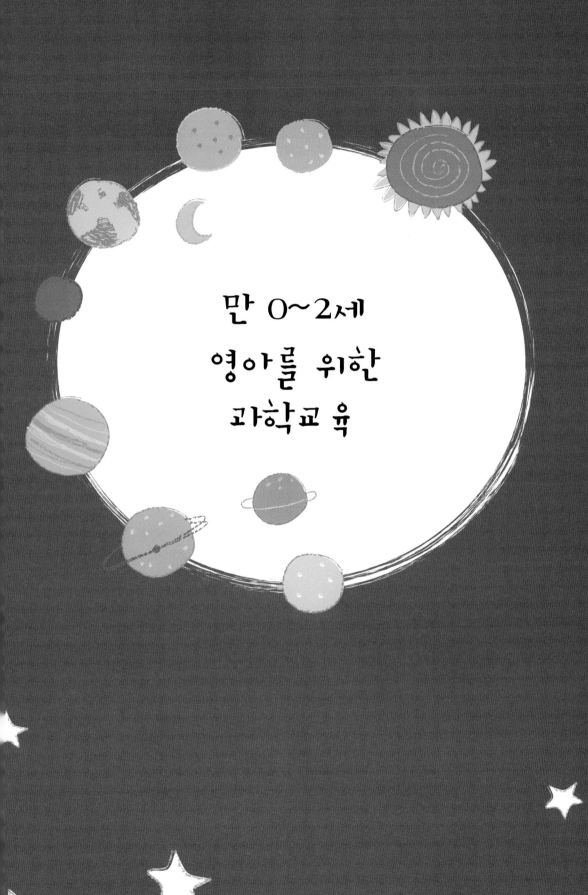

만 0~2세
영아를 위한
과학교육

# 1. 두루마리 휴지 쌓기

| 주제/소주제 | 즐거운 우리반/선생님, 친구들 안녕! | 대상연령 | 만 0, 1세 |
| --- | --- | --- | --- |

### 활동목표

• 두루마리 휴지를 감각적으로 탐색한다.

  (자연탐구〉과학적 탐색하기〉물체와 물질 탐색하기)

• 두루마리 휴지를 위로 쌓을 수 있다.

  (신체운동〉신체조절과 기본운동하기〉소근육 조절하기)

### 활동자료

두루마리 휴지 8개

### 활동방법

1. 두루마리 휴지를 손과 볼, 발을 이용하여 탐색한다.

  "이것은 무엇일까?"

  "손으로 만져 볼까?"

  "발로도 한번 만져 보자."

  "볼에 닿으면 어떤 느낌이 들까?"

2. 두루마리 휴지의 느낌에 대해 교사와 이야기를 나눈다.

  "휴지의 느낌이 어떠니?"

  "휴지가 참 부드럽구나!"

3. 두루마리 휴지를 굴려 보고, 움직여 본다.

　"휴지를 한번 굴려 볼까? 데굴데굴 굴러가는구나!"

　"휴지가 굴러가네~. ○○가 잡아 볼까?"

4. 두루마리 휴지를 위로 쌓아 본다.

　"휴지를 위로도 쌓을 수 있을까?"

　"휴지 위에 휴지를 놓았더니, 와~ 높아졌네!"

확장 활동

• 두루마리 휴지를 이용해서 키까지 높이 쌓아 본다.

# 2. 컵 쌓기

| 주제/소주제 | 즐거운 우리반/내 물건을 찾을 수 있어요 | 대상연령 | 만 0, 1세 |

### 활동목표

- 다양한 크기의 컵에 관심을 가진다.

  (자연탐구〉 탐구하는 태도 기르기〉 탐색 시도하기)
- 크기의 차이를 인식한다.

  (자연탐구〉 수학적 탐구하기〉 차이를 지각하기)

### 활동자료

다양한 크기의 플라스틱 컵 5~8개

### 활동방법

1. 차곡차곡 넣어져 있는 컵을 탐색한다.

   "이게 무엇일까?"

   "이 안에 무엇이 들어 있을까?"

2. 교사와 함께 컵을 쏟아 보거나(1수준), 컵을 한 개씩 꺼내 본다(2수준).

   "컵 속에 있는 컵을 한번 꺼내 볼까? 컵 속에서 컵이 계속 나오네?"

3. 컵 속에 컵을 넣어 본다.

   "컵 속에 다시 컵을 쏙~ 넣어 줄까? 컵이 어디로 들어갔지?"

4. 컵을 뒤집어서 쌓아 본다.

    "컵을 뒤집어서도 쌓아 볼까?"

    "컵이 점점 키가 커지네."

    "누구의 컵이 키가 더 커졌나 볼까?"

    "○○는 컵을 정말 잘 쌓는구나."

**확장 활동**

• 컵 속에 다양한 음식 모형을 넣어 보고 담았다가 쏟기를 반복하며 놀이한다.

**주의사항**

• 처음부터 많은 개수의 컵을 제공하지 않고 영아의 수준에 맞춰 차츰 개수를 늘려 간다.

# 3. 선생님과 실외놀이터 둘러보기

| 주제/소주제 | 즐거운 우리반/부모님과 헤어질 수 있어요 | 대상연령 | 만 0, 1세 |
|---|---|---|---|

### 활동목표

• 주변 환경에 관심을 가진다.

(자연탐구〉 탐구하는 태도 기르기〉 탐색 시도하기)

### 활동방법

1. 어린이집 실외놀이터로 이동한다.

  "놀이터에 가 보자. 놀이터에는 무엇이 있을까?"

2. 교사와 함께 놀이터를 산책한다.

  "와, 여기가 어딜까?"

  "선생님과 함께 걸어 볼까?"

3. 교사와 함께 놀이터에 있는 것을 찾아본다.

  "놀이터에는 무엇이 있을까?"

  "커다란 나무가 있네? 우리 한번 만져 볼까?"

  "여기 푹신한 것은 무엇일까? 모래구나!"

4. 놀이터의 이곳저곳을 영아들이 탐색한다.

  "또 어떤 것들이 보이니?"

  "돌도 있고, 꽃나무들도 있고, 바람개비도 있구나."

  "또 어떤 것이 있는지 저쪽으로도 가 볼까?"

확장 활동

• 실외놀이터에 있는 놀이기구를 타 보거나 원하는 곳으로 걸어 가 볼 수 있도록 한다.


주의사항

• 교실로 돌아와서 손을 깨끗이 씻도록 한다.

# 4. 촉감길 만져 보기

| 주제/소주제 | 재미있는 놀잇감/산책을 가요 | 대상연령 | 만 0, 1세 |
|---|---|---|---|

### 활동목표

• 주변의 사물을 오감을 이용하여 탐색한다.

(자연탐구〉탐구하는 태도 기르기〉탐색 시도하기)

### 활동자료

촉감판

| 촉감판 제작방법 |

퍼즐 매트에 끼울 수 있는 하트모양 감각판(실리콘, 글루건 혼합 적절 사용) 위에 다양한 감각을 느낄 수 있는 소재를 붙인다.

– 풀밭감각판: 인조잔디를 작은 조각으로 잘라 하트모양에 맞추어 붙인다.

– 꽃길감각판: 인조 꽃을 붙인다.

– 조약돌감각판: 적당한 크기의 조약돌을 깨끗이 세척한 후 건조하고 붙인다.

– 모래밭감각판: 사포를 하트 모양으로 재단하고 퍼즐 매트 위에 붙인다.

– 타월감각판: 타월을 재단하고 매트 위에 붙인다.

– 까슬거리는 천: 천을 재단하고 매트 위에 붙인다.

활동방법

1. 촉감판을 소개한다.

  "이게 무엇일까?"

  "우리 한번 만져 볼까?"

2. 촉감판의 다양한 느낌을 손과 발로 탐색한다.

  "어떤 느낌이 나는지 만져 볼까?"

  "손으로 만지면 어떤 느낌이 날까?"

  "발로 만지면 어떤 느낌이 날까?"

확장 활동

• 촉감판을 끼워서 네모 박스로 만든 후 다양한 촉감 비밀상자 놀이를 진행한다.

# 5. 촉감 애벌레 탐색하기

| 주제/소주제 | 봄/나비가 훨훨 | 대상연령 | 만 0, 1세 |
|---|---|---|---|

**활동목표**

• 오감을 이용하여 애벌레 놀잇감을 탐색한다.

　(자연탐구〉탐구하는 태도 기르기〉탐색 시도하기)

**활동자료**

촉감애벌레 놀잇감

**활동방법**

1. 촉감애벌레를 소개한다.

　"오늘 새로운 친구가 왔어. 누굴까?"

　"짜잔~ 꿈틀꿈틀~ 애벌레가 놀러 왔대."

2. 애벌레를 교사와 함께 탐색한다.

　"애벌레는 어떤 느낌일까? 선생님과 한번 만져 볼까?"

3. 애벌레를 탐색한 느낌을 언어로 표현해 본다.

　"어떤 느낌이 들었니?"

　"부드러웠구나!"

　"애벌레 안에는 어떤 것이 들어 있을까?"

4. 영아가 스스로 자유롭게 탐색한다.

　"○○는 얼굴에 애벌레를 대 볼까?"

　"어떤 느낌일까? 느낌이 좋은가 보구나."

　"안아 주면 어떤 느낌이 들까?"

확장 활동

• 바퀴가 달린 촉감애벌레를 이용하여 기차놀이를 해 본다.

주의사항

• 영아들끼리 다툼이 일어나지 않도록 충분한 개수의 애벌레를 준비해 준다.

# 6. 어린이집 주변에서 같은 색깔 꽃 찾아 물 주기

| 주제/소주제 | 봄/예쁜 꽃들이 피었어요 | 대상연령 | 만 0, 1세 |
|---|---|---|---|

**활동목표**

• 주변에서 볼 수 있는 꽃에 관심을 가진다.

  (자연탐구〉과학적 탐구하기〉주변 동식물에 관심 가지기)

**활동자료**

물뿌리개

**활동방법**

1. 어린이집 실외놀이터를 산책한다.

2. 다양한 꽃을 관찰한다.

   "와~ 여기 예쁜 꽃이 피었네! 우리 함께 볼까?"

3. 같은 색깔의 식물과 꽃을 찾아본다.

   "이 꽃과 똑같은 색깔의 꽃은 어디 있을까?"

4. 식물과 꽃에 물을 준다.

   "꽃이 목이 마르대. 우리 같이 꽃에 물을 줄까?"

5. 물뿌리개를 바르게 정리한다.

확장 활동

• 같은 색깔 나뭇잎 찾아보기 놀이를 진행한다.

• 확대경으로 꽃잎을 자세히 관찰한다.


주의사항

• 물뿌리개에 물을 적절히 넣어 주어서 준비하여 영아들에게 물이 쏟아지지 않도록 한다.

• 꽃잎이나 나뭇잎을 입에 넣지 않도록 한다.

# 7. 눈, 코, 입 찾기

| 주제/소주제 | 나 · 가족/내 얼굴, 몸을 탐색해요 | 대상연령 | 만 0, 1세 |
|---|---|---|---|

### 활동목표

• 나의 얼굴에 관심을 가지고, 신체 부위 이름을 안다.

(자연탐구〉탐구하는 태도 기르기〉탐색 시도하기)

### 활동자료

거울, 눈 · 코 · 입 책

### 활동방법

1. 교사와 함께 눈 · 코 · 입 책을 본다.

"이건 무슨 책일까?" "여기 이게 무엇이지?"

2. 책 속의 얼굴에서 눈, 코, 입을 찾는다.

"눈은 어디 있을까?" "코는 어디 있을까?"

3. 거울을 보며 영아의 눈, 코, 입을 함께 찾아본다.

"○○의 눈은 어디 있나? 동글동글 코는 어디 있지?

앵두 같은 입은 어디 있을까?"

### 확장 활동

• 노래 〈눈은 어디 있나?〉를 함께 배워 본다.

# 8. 비눗방울 놀이

| 주제/소주제 | 나 · 가족/엄마, 아빠 흉내 내요 | 대상연령 | 만 0, 1세 |

활동목표

- 비눗방울 놀이를 즐긴다. (자연탐구〉탐구하는 태도 기르기〉탐색 시도하기)
- 비눗방울을 자유롭게 탐색한다. (자연탐구〉과학적 탐구하기〉물체와 물질 탐색하기)

활동자료

비눗방울, 비눗방울 총

활동방법

1. 비눗방울 총을 소개한다.

   "오늘 돌고래가 놀러왔어요. 돌고래가 우리에게 선물 줄 것이 있대요. 무엇일까?"

2. 비눗방울을 보여 준다.

   "보글보글~ 돌고래 입에서 뭐가 나오네? 이게 무엇일까?"

3. 비눗방울 잡기 놀이를 해 본다.

   "우리 같이 비눗방울을 터트려 보고, 손으로 잡아 볼까?"

주의사항

- 비눗방울이 눈에 들어가지 않도록 비눗방울을 만진 손은 활동 후 즉시 씻는다.

# 9. 풍선 놀이

| 주제/소주제 | 나 · 가족/할아버지, 할머니 사랑해요 | 대상연령 | 만 0, 1세 |

## 활동목표

• 풍선을 자유롭게 탐색하며, 풍선 놀이를 즐긴다. (자연탐구〉 탐구하는 태도 기르기〉 탐색 시도하기)

## 활동자료

풍선

## 활동방법

1. 불지 않은 풍선을 탐색한다.

  "이게 무엇일까? 한번 만져 볼까? 어떤 느낌이 드니?"

2. 풍선을 분다.

  "어떻게 변했니? 와~ 커졌구나!"

3. 풍선을 함께 탐색한다.

  "풍선을 다시 만져 볼까? 어떤 느낌이 드니?"

4. 영아들의 행동을 따라 풍선을 함께 탐색하며 놀이한다.

  "풍선을 함께 던져 보자. 흔들어도 보자. 또 어떻게 할 수 있을까?"

## 주의사항

• 풍선이 터져서 영아들이 놀라지 않도록 미리 풍선을 불기 전에 늘려 놓는다.

# 10. 바람이 불어요

| 주제/소주제 | 궁금해요/온몸으로 느껴 보아요 | 대상연령 | 만 0, 1세 |

**활동목표**

• 바람을 감각적으로 느껴 본다. (자연탐구〉과학적 탐구하기〉주변 자연에 관심 가지기)

**활동자료**

스카프

**활동방법**

1. 실외놀이터로 이동하며 날씨에 대해 이야기 나눈다.
   "오늘 날씨는 어때요? 햇님이 나왔네."

2. 실외놀이터에서 몸으로 바람을 느껴 본다.
   "바람이 어디서 부는지 한번 느껴 볼까?"

3. 스카프를 날려 본다.
   "스카프가 날아가네? 누가 스카프를 움직이는 것일까?"

4. 자유롭게 스카프와 바람으로 놀이한다.

**확장 활동**

• 스카프를 던졌다가 잡아 보는 신체활동으로 연결하여 놀이한다.

## 11. 텃밭 식물에 물 주기

| 주제/소주제 | 즐거운 어린이집/새로 꾸민 우리반 | 대상연령 | 만 0, 1세 |

**활동목표**

• 주변 식물에 관심을 가진다.

　(자연탐구〉과학적 탐구하기〉주변 자연에 관심 가지기)

• 물뿌리개를 스스로 사용해 본다.

　(자연탐구〉과학적 탐구하기〉생활도구 탐색하기)

**활동자료**

물뿌리개

**활동방법**

1. 어린이집 텃밭을 둘러 본다.

　"와~ 텃밭의 식물들이 무럭무럭 자랐네. 어떤 식물이 있는지 둘러 보자."

2. 텃밭 식물에 물이 필요함에 대해 이야기 나눈다.

　"날씨가 따뜻해져서 텃밭 식물들이 목이 마른 것 같아."

　"텃밭 식물에게 어떻게 물을 주면 좋을까?"

3. 물뿌리개를 소개한다.

　"이건 물뿌리개라고 해. 이것으로 여기 식물들에게 물을 줄 수 있어."

4. 친구들과 함께 물뿌리개로 식물에 물을 준다.

"식물에게 물을 줘 볼까?"

"물을 주니까 식물이 어떻게 된 것 같니?"

"오늘처럼 다음에도 또 물을 주자. 그래서 식물이 무럭무럭 자라도록 도와주자."

**확장 활동**

• 텃밭 식물을 돋보기 등을 이용하여 자유롭게 관찰하는 시간을 가진다.

**주의사항**

• 물을 주면서 식물을 잡아당기거나 흙을 만지지 않도록 지도한다.

# 12. 수박 놀이

| 주제/소주제 | 여름/날씨가 더워졌어요 | 대상연령 | 만 0, 1세 |

### 활동목표

• 오감으로 수박을 탐색한다.

(자연탐구〉탐구하는 태도 기르기〉탐색 시도하기)

### 활동자료

수박, 풀장, 숟가락

### 활동방법

1. 수박에 대한 사전 경험에 대해 이야기를 나눈다.

"수박을 먹어 본 적이 있니?"

2. 수박을 탐색한다.

"와~ 여기 커다란 수박이 왔네. 우리 함께 만져 볼까? 어떤 느낌이 드니?"

"수박이 데굴데굴 구르기도 하네."

3. 수박을 잘라서 탐색한다.

"수박을 잘랐더니 어떤 색깔이 되었니?"

"수박을 맛볼까? 어떤 맛이니? 손으로도 만져 보자."

4. 수박 씨를 탐색한다.

"수박 속에 뭐가 보이니?"

"이것을 수박 씨라고 한단다. 수박 씨가 정말 작구나."

"만져 볼까?"

"수박 씨 모양은 어떤 것 같니?"

"색은 어떤 색으로 보이니?"

5. 주변을 정리한다.

확장 활동

• 노래 〈수박〉을 함께 배운다.

주의사항

• 수박이 너무 차갑지 않게 준비한다.

# 13. 토마토 놀이

| 주제/소주제 | 건강한 생활/첨벙첨벙 물놀이 | 대상연령 | 만 0, 1세 |
|---|---|---|---|

**활동목표**

• 오감을 이용하여 토마토를 탐색한다.

(자연탐구〉탐구하는 태도 기르기〉탐색 시도하기)

**활동자료**

토마토, 쟁반, 대형 트레이(2개)

**활동방법**

1. 토마토를 탐색한다.

"짜잔~ 오늘은 토마토가 우리반에 놀러 왔어요."

"토마토를 한번 만져 볼까요? 어떤 느낌이 드나요?"

2. 토마토를 맛본다.

"토마토를 한번 먹어 보자. 새콤하고 달콤하구나!"

3. 토마토를 트레이에 담아서 손과 발 등 몸을 이용하여 탐색한다.

"토마토를 손으로 꼭 눌러 볼까?"

"발로도 밟아 보자. 어떤 느낌이 드니?"

4. 자유롭게 토마토 놀이를 한다.

　"토마토 속에 발을 쏙~ 숨겨 볼까? 발이 없어졌네!"

　"토마토에서 물이 나와서 미끌미끌해졌네!"

**확장 활동**

• 토마토를 넣은 샌드위치를 함께 만들어서 먹는 요리 활동으로 진행한다.

**주의사항**

• 토마토 놀이 후 깨끗이 몸을 씻도록 한다.

# 14. 색 모래 관찰하기

| 주제/소주제 | 색깔 모양/여러 가지 색깔이 있어요 | 대상연령 | 만 0, 1세 |
| --- | --- | --- | --- |

### 활동목표

• 색 모래를 감각적으로 탐색한다. (자연탐구〉과학적 탐색하기〉물체와 물질 탐색하기)

• 색 모래를 탐색하며 색깔에 대해 알아본다. (예술경험〉아름다움 찾아보기〉예술적 요소에 호기심 가지기)

### 활동자료

색 모래가 담긴 약통

### 활동방법

1. 통 안에 들어 있는 색 모래를 관찰한다.

　"이게 무얼까?"

　"한번 흔들어 볼까? 무슨 소리가 들리니?"

2. 색 모래 통 안에 있는 색을 관찰한다.

　"○○이가 가지고 있는 통에는 무슨 색의 모래일까?"

　"우와! 연두색의 모래네? 이거는 무슨 색일까?"

3. 두 개의 모래를 한 번 섞는다.

　"모래를 함께 섞으니까 두 가지 색깔의 모래가 되었네!"

### 주의사항

• 영아들이 뚜껑을 열어 색모래가 나오지 않도록 한다.

# 15. 색깔 물 관찰하기

| | | | |
|---|---|---|---|
| **주제/소주제** | 색깔 모양/여러 가지 색깔이 있어요 | **대상연령** | 만 0, 1세 |

**활동목표**

- 색깔 물에 대해 감각적으로 탐색한다. (자연탐구〉 탐구하는 태도 기르기〉 탐색 시도하기)
- 색깔 물을 관찰하며 색깔의 이름에 대해 관심을 가진다. (예술경험〉 아름다움 찾아보기〉 예술적 요소에 호기심 가지기)

**활동자료**

다양한 색깔 물이 담긴 통

**활동방법**

1. 색깔 물이 담긴 색깔 물통을 탐색한다.
   "이게 무엇일까?" "이 안에 무엇이 들어 있을까?"

2. 색깔 물통을 꺼내어 흔들어 보며 탐색한다.
   "통 안에 무엇이 들어 있을까? 물일까?"
   "○○이는 무슨 색의 물을 가지고 있나?"

3. 다른 색의 물도 탐색해 본다.
   "어? 선생님이 가지고 있는 것은 무슨 색의 물이지?"

4. 색깔 물을 섞으며 변화하는 물의 색을 관찰한다.

# 16. 물고기 관찰하기

| 주제/소주제 | 색깔 모양/여러 가지 모양이 있어요 | 대상연령 | 만 0, 1세 |

### 활동목표

• 물고기에게 관심을 가지고 관찰한다. (자연탐구〉과학적 탐구하기〉주변 동식물에 관심 가지기)
• 물고기의 움직임을 관찰하고 표현해 본다. (예술경험〉예술적 표현하기〉움직임으로 반응하기)

### 활동자료

어항, 물고기

### 활동방법

1. 어항에 관심을 가지게 하며 관찰한다.

　"이게 무엇일까?"

　"여기에 어항이 있네?"

2. 물고기를 자유롭게 관찰할 수 있도록 한다.

　"어항 속에 물고기가 있네?" "물고기가 많구나."

3. 물고기가 움직이는 모습을 표현해 본다.

　"물고기가 어떻게 헤엄을 치고 있나 볼까?"

### 확장 활동

• 물고기의 물을 교사와 함께 갈아 주며 물고기를 가까이 관찰할 수 있도록 한다.

# 17. 모양 서열화하기

| 주제/소주제 | 색깔 모양/여러 가지 모양이 있어요 | 대상연령 | 만 0, 1세 |
| --- | --- | --- | --- |

**활동목표**

• 모양의 규칙성을 이해한다.

　(자연탐구〉수학적 탐구하기〉간단한 규칙성 지각하기)

• 크기의 차이를 인식한다.

　(자연탐구〉수학적 탐구하기〉차이를 지각하기)

**활동자료**

크기별 모양 퍼즐(동그라미, 세모, 네모)

**활동방법**

1. 퍼즐을 탐색한다.

　"이거는 무슨 퍼즐일까?"

　"어떻게 맞춰 보면 될까?"

2. 교사와 함께 퍼즐을 맞춰 보거나(1수준), 친구와 함께 맞춰 본다(2수준).

　"이거는 무슨 모양일까?"

　"동그라미 모양의 퍼즐이구나."

　"이것은 네모 모양이구나."

　"어디에 놓으면 될까?"

3. 퍼즐의 크기를 비교해 본다.

   "어떤 동그라미가 더 클까?"

   "어떤 세모가 더 클까?" "어떤 네모가 더 클까?"

4. 다 맞춰진 퍼즐을 보며 이야기를 나눈다.

   "동그라미 퍼즐이 점점 커지네?"

   "세모랑 네모도 커졌네."

**확장 활동**

• 교실에 있는 모양을 찾아 크기를 비교해 본다.

# 18. 솔방울 관찰하기

| | |
|---|---|
| **주제/소주제** 추석/교통기관/추석이 다가와요 | **대상연령** 만 0, 1세 |

 **활동목표**

• 다양한 모양의 솔방울에 관심을 가진다.

　(자연탐구〉과학적 탐구하기〉주변 동식물에 관심 가지기)

• 솔방울을 감각을 이용해 탐색한다.

　(자연탐구〉탐구하는 태도 기르기〉탐색 시도하기)

**활동자료**

다양한 모양과 크기의 솔방울

**활동방법**

1. 솔방울을 보여 이야기를 나눈다.

　"이거는 뭘까?"

　"이것을 본 적이 있니?"

　"이것은 소나무에서 나는 건데 솔방울이라고 해."

　"먹을 수 있을까? 없을까?"

2. 솔방울을 다양하게 탐색한다.

　"솔방울을 한번 만져 볼까?"

　"어떤 느낌이 나니?"

　"냄새도 맡아 보자."

▲ 솔방울

"어떤 냄새가 날까?"

"서로 부딪혀 볼까?"

"어떤 소리가 나니?"

3. 솔방울의 색, 크기를 비교해 본다(2수준).

"어떤 솔방울이 제일 클까?"

"그럼 제일 작은 솔방울은 무엇일까?"

4. 영아들이 자유롭게 솔방울을 만져 보고 관찰한다.

**주의사항**

• 영아들이 탐색을 하면서 다치지 않도록 교사와 함께 탐색한다.

# 19. 내리막길 자동차 관찰하기

**주제/소주제**  교통기관, 가을/자동차, 기차놀이          **대상연령**  만 0, 1세

**활동목표**

• 내리막길에서 내려가는 자동차의 모습을 관찰한다.

　(자연탐구〉 탐구하는 태도 기르기〉 탐색 시도하기)

• 내리막길 매트 위를 오르고 내려간다.

　(신체운동〉 신체활동에 참여하기〉 기구를 이용하여 신체활동 시도하기)

**활동자료**

경사매트, 자동차

**활동방법**

1. 경사매트를 탐색한다.

　"이게 무엇일까?"

　"매트 위에 한번 올라가 볼까?"

2. 교사의 손을 잡고 올라가고 내려가거나(1수준), 스스로 올라가고 내려온다(2수준).

　"영차영차 올라가 볼까? 슈웅~ 빠르게 내려왔네?"

3. 자동차를 경사매트에서 놓아 본다.

　"자동차가 매트 위에 올라가면 빨리 올라 갈 수 있을까?"

　"자동차가 경사매트에서 빠르게 내려올까?

4. 여러 가지 모양의 자동차를 경사 매트 위에서 놓아 본다.

"이건 무슨 자동차일까?"

"여기 다른 차들이 많이 있네."

"이 자동차들도 매트에 놓아 볼까?"

"어떤 자동차가 가장 빠를까?"

**확장 활동**

• 경사 매트의 높이를 다르게 하여 자동차가 내려가는 모습을 탐색할 수 있도록 한다.

# 20. 배 띄워 관찰하기

| 주제/소주제 | 교통기관, 가을/배 놀이 | 대상연령 | 만 0, 1세 |
|---|---|---|---|

- 만든 배를 물에 띄워 보며 탐색한다. (자연탐구〉탐구하는 태도 기르기〉탐색 시도하기)
- 다양한 미술재료를 통해 배를 만든다. (예술경험〉예술적 표현하기〉단순한 미술 경험하기)

**활동자료**

영아들이 만든 배, 수조, 호스

**활동방법**

1. 영아들이 만든 배를 탐색한다.

   "배는 어디를 다닐까? 하늘을 다닐까? 바다를 다닐까?"

2. 물이 담긴 수조 위에 배를 띄워 본다.

   "어? 여기 물이 있네? 여기에 배를 띄워 볼까?"

3. 수조를 움직이며 배가 움직이는 모습을 관찰한다.

   "물이 움직이니까 배도 움직이네?"

4. 다른 배 모양도 함께 띄워 보며 탐색한다.

**확장 활동**

- 배 위에 물을 쏟아 보며 배가 떠오르는 모습을 관찰한다.

# 21. 가을 곡식, 나뭇잎 관찰하기

| **주제/소주제** 교통기관, 가을/가을이 왔어요 | **대상연령** 만 0, 1세 |
| --- | --- |

**활동목표**

• 주변에 있는 나뭇잎과 곡식에 관심을 가진다. (자연탐구〉 탐구하는 태도 기르기〉 사물에 관심 가지기)

• 곡식과 나뭇잎을 감각적으로 느껴 본다. (자연탐구〉 과학적 탐구하기〉 주변 자연에 관심 가지기)

**활동자료**

나뭇잎, 밤, 호두 등 가을 곡식

**활동방법**

1. 가을 곡식에 대해 이야기한다.

    "이것은 무엇일까?"

    "가을에 먹는 밤, 호두라고 한대."

2. 나뭇잎을 탐색한다.

    "이건 어디서 봤지?"

    "맞아, 밖에서 봤지? 이건 나뭇잎이야."

3. 가을 곡식 및 나뭇잎을 감각적으로 탐색한다.

**확장 활동**

• 나뭇잎을 이용해 나뭇잎 머리띠를 만들어 본다.

# 22. 색깔 돋보기로 주변 탐색하기

| 주제/소주제 | 동물/주변에 있는 동물 | 대상연령 | 만 0, 1세 |

**활동목표**

• 색깔 돋보기를 사용하는 방법을 안다.

(자연탐구〉과학적 탐구하기〉생활도구 탐색하기)

• 색깔 돋보기로 관찰하며 색깔의 이름을 안다.

(예술경험〉아름다움 찾아보기〉예술적 요소에 호기심 가지기)

**활동자료**

다양한 색의 색깔 돋보기

**활동방법**

1. 색깔 돋보기를 탐색한다.

"동그랗게 생긴 이것은 무엇일까?"

"거울일까? 이건 색깔 돋보기네~."

2. 색깔 돋보기를 가지고 주변을 관찰하거나(1수준), 주변에 보이는 색을 말해 본다(2수준).

"색깔 돋보기를 가지고 무엇을 볼까?"

"○○이는 색깔 돋보기로 책을 보니까 무슨 색으로 보이니?"

3. 다른 색의 돋보기로 관찰한다.

"이번에는 무슨 색의 돋보기일까?"

4. 색깔 돋보기 두 개를 합쳐서 관찰해 본다.

   "돋보기 두 개가 모이니까 다른 색이 되었네."

   "○○야 무슨 색으로 보이니?"

   "또 다른 색과 겹쳐서 봐 볼까?"

주의사항

• 모든 영아가 색깔 돋보기를 가지고 탐색할 수 있도록 충분한 개수의 색깔 돋보기를 제공해 준다.

# 23. 엄마 아기 자석 동물 기차

| 주제/소주제 | 동물/엄마동물, 아기동물 | 대상연령 | 만 0, 1세 |
| --- | --- | --- | --- |

**활동목표**

- 자석에 대해 탐색한다. (자연탐구〉탐구하는 태도 기르기〉탐색 시도하기)
- 동물 자석모양을 보고 동물의 이름을 안다. (자연탐구〉과학적 탐구하기〉주변 동식물에 관심 가지기)

**활동자료**

여러 동물 모양의 자석

**활동방법**

1. 동물 자석을 탐색한다.

　"여기에 엄마 코끼리, 아기 코끼리가 있네?"

　"어? 엄마 코끼리와 아기 코끼리가 붙었네?"

2. 다른 동물들도 함께 붙여 볼 수 있게 한다.

3. 아기동물, 엄마 동물을 찾아 붙여 본다.

　"엄마 동물을 찾아 아기 동물과 함께 붙여 볼까?"

4. 아기동물 엄마 동물 순서대로 붙여 기차놀이를 해 본다.

**확장 활동**

- 서로 다른 동물끼리 붙여 보며 활동한다.

# 24. 눈, 얼음 탐색하기

| 주제/소주제 | 겨울/겨울철 놀이가 있어요 | 대상연령 | 만 0, 1세 |

### 활동목표

• 얼음과 눈을 감각을 이용해 탐색한다. (자연탐구〉탐구하는 태도 기르기〉탐색 시도하기)

• 눈과 얼음을 통해 겨울의 날씨를 느껴 본다. (자연탐구〉과학적 탐구하기〉주변 자연에 관심 가지기)

### 활동자료

얼음, 바구니, 눈, 매트

### 활동방법

1. 바구니에 제공된 얼음을 탐색한다.

   "선생님이 무엇을 가지고 있을까?" "이건 얼음이야."

2. 교사와 함께 꺼내어 얼음을 느껴 본다.

   "얼음을 만져 보니까 어떠니?"

   "얼음이 미끌미끌해서 떨어지네?"

3. 실외로 이동하여 눈을 탐색한다.

   "눈을 만져 보고 밟아 보자. 어떤 느낌이 드니?"

### 주의사항

• 얼음과 눈을 입에 넣지 않도록 이야기한다.

# 25. 그림자 놀이

| 주제/소주제 | 그림책 놀이/둘이서 둘이서 | 대상연령 | 만 0, 1세 |

**활동목표**

• 그림자를 알아보고 그림자를 만들어 본다. (자연탐구〉탐구하는 태도 기르기〉탐색 시도하기)

• 신체를 다양하게 움직여 본다. (신체운동〉신체활동에 참여하기〉몸 움직임 즐기기)

**활동자료**

빔, 스크린

**활동방법**

1. 스크린에 나타난 그림자를 탐색한다.

"어? 저기에 무엇이 있지? ○○이 그림자가 보이네?"

2. 손을 이용해 그림자를 만든다.

"선생님처럼 나비 그림자를 만들어 볼까?"

3. 신체를 움직여 그림자를 만들어 본다.

"○○이는 어떻게 움직여 볼까?"

4. 물체를 이용해 물체의 그림자를 살펴본다.

**주의사항**

• 빔과 스크린이 영아들에게 방해가 되지 않도록 배치한다.

# 26. 봄꽃 색을 찾아 주세요

| 주제/소주제 | 봄이 왔어요/봄나들이 가요. | 대상연령 | 만 2세 |
| --- | --- | --- | --- |

### 활동목표

• 같은 색의 봄꽃을 찾아 맞추어 본다. (자연탐구〉수학적 탐구하기〉구분하기)
• 봄에 피는 꽃의 색깔에 대해 관심을 가진다. (예술경험〉예술 감상하기〉아름다움 즐기기)

### 활동자료

봄꽃이 그려진 교구판, 꽃 조화

### 활동방법

1. 봄꽃 카드를 보며 꽃의 색깔에 대해 이야기를 나눈다.
  "이 꽃들을 본적이 있니?어떤 색으로 보이니?"
  "여기 다른 꽃도 보이네.
  "이 꽃은 좀 전에 본 꽃이랑 색깔이 어때?"

2. 같은 색의 봉꽃을 찾아 봉꽃이 그려진 교구판에 넣어
  준다.
  "이 꽃은 어떤 꽃과 색이 같을까?"

### 확장 활동

• 봄꽃을 붙이며 봄 동산을 꾸민다.
• 친구들이 좋아하는 봄꽃이 무엇인지 그래프를 통해 알아본다.

# 27. 새 싹

| 주제/소주제 | 봄이 왔어요/새싹이 파릇파릇 | 대상연령 | 만 2세 |
|---|---|---|---|

### 활동목표

• 봄에 피는 새싹에 대해 관심을 갖는다. (자연탐구〉 과학적 탐구하기〉 자연을 탐색하기)

• 오감을 이용하여 새싹을 탐색한다. (신체운동〉 감각과 신체 인식하기〉 감각 기관 활용하기)

### 활동자료

새싹, 탐색통

### 활동방법

1. 노래 〈씨앗〉을 부르며 새싹에 관심을 갖는다.

2. 봄에 피는 새싹에 대해 이야기를 나눈다.

"이것은 새싹이라고 하는 건데, 혹시 본 적이 있니?"

"손으로 만지면 어떤 느낌일까?"

"냄새도 나는 것 같은데 먹으면 어떤 맛일까?"

### 확장 활동

• 빌리보팝 위에서 새싹처럼 표현해 본다.

### 주의사항

• 탐색 시 냄새가 날 수 있으므로 새싹을 깨끗이 씻어서 말린 후 제공해 준다.

# 28. 새싹 비빔밥 만들기

| 주제/소주제 | 봄이 왔어요/새싹이 파릇파릇 | 대상연령 | 만 2세 |

### 활동목표

- 봄에 피는 새싹에 대해 관심을 가진다. (자연탐구〉 탐구하는 태도 기르기〉 호기심 가지기)
- 다양한 재료를 이용하여 새싹 비빔밥을 만들어 먹어 본다.

  (신체운동〉 감각과 신체 인식하기〉 감각기관 활용하기)

### 활동자료

새싹, 밥, 참기름, 개별 숟가락과 그릇, 집게, 둥근 그릇

### 활동방법

1. 새싹 비빔밥 만드는 과정을 알아본다.

2. 밥과 새싹, 참기름을 각각 먹어 본다.

3. 집게를 이용하여 새싹을 둥근 그릇에 넣어 준다.

4. 숟가락을 이용해 참기름을 넣고 비벼 준다.

5. 교사가 영아의 개별 그릇에 담아 준 후 영아는 새싹
   비빔밥을 먹어 본다.

### 주의사항

- 사전에 앞치마와 머리 수건을 한 후 물비누로 손을 깨끗이 씻는다.

# 29. 개나리

**주제/소주제**　봄이 왔어요/꽃이 피었어요.　　　**대상연령**　만 2세

- 봄에 피는 개나리에 대해 관심을 갖는다. (자연탐구 > 탐구하는 태도 기르기 > 호기심 가지기)
- 자연물에 대해 적극적으로 탐색한다. (자연탐구 > 과학적 탐구하기 > 자연을 탐구하기)

**활동자료**

개나리, 돋보기

**활동방법**

1. 꽃에 대해 관심을 갖는다.

　“이 꽃을 본 적이 있니?” “이 꽃의 이름은 무엇일까?”

2. 돋보기를 이용하여 개나리 꽃을 자세히 관찰한다.

　“개나리는 어떤 색이니?” “무슨 냄새가 나니?”

　“만지면 어떤 느낌이 드니?” “꽃 안에는 무엇이 있을까?”

**확장 활동**

- 실내에서 노란색 습자지를 뭉쳐 개나리 꽃을 만들거나 실외로 나가서 개나리 꽃을 찾아본다.

**주의사항**

- 개나리의 끝이 날카롭지 않도록 나뭇가지의 끝을 접착펠트지로 마감처리해 준다.

# 30. 밀가루 놀이

| 주제/소주제 | 나의 주변/내가 만난 사람들 | 대상연령 | 만 2세 |
|---|---|---|---|

### 활동목표

- 밀가루에 대해 관심을 가지며 적극적으로 탐색한다.

  (자연탐구〉탐구하는 태도 기르기〉호기심 가지기)

- 밀가루를 다양한 방법으로 느껴 보며 물질의 성질을 안다.

  (자연탐구〉과학적 탐구하기〉물체와 물질 탐색하기)

### 활동자료

밀가루, 탐색통

### 활동방법

1. 밀가루에 대해 이야기를 나눈다.

   "이것의 이름은 밀가루라고 해." "언제 사용하는 걸까?"

2. 다양한 방법으로 밀가루를 탐색한다.

   "밀가루를 손으로 만져 볼까?" "어떤 느낌이 드니?"

   "밀가루를 하늘에서 떨어뜨려 볼까?"

### 확장 활동

- 물과 밀가루를 섞어 밀가루를 반죽해 본다.
- 밀가루와 물감을 섞어 밀가루 그림을 그린다.

# 31. 장화와 우산

| | |
|---|---|
| 주제/소주제 | 재미있는 여름1/비가 내려요 |

대상연령    만 2세

## 활동목표

• 친숙한 장화와 우산의 특성 대해 안다. (자연탐구〉 과학적 탐구하기〉 물체와 물질 탐구하기)

• 장화와 우산에 대해 능동적으로 탐색한다. (자연탐구〉 탐구하는 태도 기르기〉 반복적 탐색 즐기기)

## 활동자료

우산, 장화

## 활동방법

1. 장화를 자유롭게 탐색한다.

　"이것은 무엇일까?" "어떤 날씨일 때 신을까?"

　"비가 올 때 운동화나 구두를 신으면 어떻게 될까?"

2. 우산을 탐색한다.

　"이것은 무엇일까?" "어떤 날씨에 쓸까?" "써 볼까?"

## 확장 활동

• 비 오는 날 실외로 나가 직접 우산과 장화를 신고 비를 맞아 본다.

## 주의사항

• 우산을 펼 때 영아가 다칠 수 있으므로 넓은 공간에서 편다.

## 32. 토마토 탐색하기

| 주제/소주제 | 재미있는 여름1/여름이 왔어요. | 대상연령 | 만 2세 |

**활동목표**

• 여름에 먹는 음식 중 토마토에 관심을 갖는다. (자연탐구〉 탐구하는 태도 기르기〉 호기심 가지기)

• 오감을 활용하여 토마토를 능동적으로 탐색한다. (자연탐구〉 과학적 탐구하기〉 물체와 물질 탐색하기)

**활동자료**

토마토, 탐색통

**활동방법**

1. 도입으로 노래 〈멋쟁이 토마토〉를 부른다.

2. 토마토를 자유롭게 탐색한다.

　"이것은 무엇일까?" "만지면/밟으면 어떤 느낌이 드니?"

　"무슨 냄새가 나니?" "어떤 맛이 나니?"

**확장 활동**

• 토마토 주스를 만들어 보거나 토마토즙을 활용하여 손수건에 물을 들인다.

**주의사항**

• 먹는 토마토와 손으로 탐색할 토마토는 따로 준비한다.

• 토마토 탐색 시 옷에 물이 들 수 있으므로 버릴 수 있는 옷을 준비한다.

# 33. 뽀드득 뽀드득 거품 놀이

| 주제/소주제 | 재미있는 여름1/깨끗하게 씻어요. | 대상연령 | 만 2세 |

**활동목표**

• 병에 걸리는 원인을 알고 병에 걸리지 않도록 주의하는 습관을 기른다.

(기본생활〉 건강하게 생활하기〉 몸을 깨끗이 하기)

• 거품이라는 친숙한 물질을 능동적으로 탐색한다.

(자연탐구〉 과학적 탐구하기〉 물체와 물질 탐색하기)

**활동자료**

손세정제, 탐색 접시

**활동방법**

1. 손세정제를 탐색한다.

"이게 뭘까?"

"언제 사용하는 걸까?"

"어디서 사용하는 걸까?"

"왜 사용하는 걸까?"

"어떻게 사용하는 걸까?"

2. 거품을 탐색 접시에 놓고 함께 눌러서 거품을 만든다.

"만져 볼까?"

"어떤 느낌이 드니?"

확상 활동

• 거품을 이용하여 인형을 깨끗이 목욕 시켜 준다.

• 거품을 이용하여 비눗방울을 만들어 불어 본다.


주의사항

• 개별적으로 탐색할 때마다 탐색통을 깨끗이 씻어서 활동한다.

• 입에 들어가지 않도록 교사가 함께 탐색한다.

# 34. 색채튜브

| 주제/소주제 | 재미있는 여름1/물놀이가 재미있어요. | 대상연령 | 만 2세 |

### 활동목표

• 여러 가지 색의 혼합으로 만들어지는 색의 변화에 관심을 갖는다.

  (자연탐구〉과학적 탐구하기〉물체와 물질 탐색하기)

• 색채튜브를 탐색하며 자신의 생각을 말한다.

  (의사소통〉말하기〉낱말과 간단한 문장으로 말하기)

### 활동자료

색채튜브

### 활동방법

1. 색채튜브의 색깔을 관찰한다.

   "위아래에 각각 어떤 색이 보이니?"

2. 색깔을 예측해 본다.

   "색채튜브를 흔들면 어떤 색으로 변할까?"

3. 색채튜브를 충분히 흔든 후 색깔을 관찰한다.

### 확장 활동

• 칼라 관찰경을 이용하여 사물을 본다.

• 삼원색(빨강, 노랑, 파랑)을 이용하여 색을 섞어 본다.

# 35. 수박 화채 만들기

| 주제/소주제 | 재미있는 여름1/날씨가 더워졌어요. | 대상연령 | 만 2세 |

### 활동목표

• 수박화채 만드는 경험을 통해 수박의 특성을 탐색한다.

  (자연탐구〉과학적 탐구하기〉물체와 물질 탐색하기)

• 요리도구를 이용하여 수박화채를 만든다. (자연탐구〉과학적 탐구하기〉생활도구 사용하기)

### 활동자료

수박, 모양틀, 사이다, 개별 숟가락과 그릇

### 활동방법

1. 요리 순서도를 보며 수박화채 만드는 방법을 알아본다.

  "수박화채는 어떻게 만드는 걸까?"

2. 미리 잘라 둔 수박 위에 모양 틀을 놓고 모양을 찍는다.

3. 모양을 찍은 수박을 영아용 그릇 안에 넣고 사이다를 넣는다.

4. 숟가락으로 화채를 떠서 먹는다.

### 확장 활동

• 초록색 풍선에 매직을 이용하여 줄을 그어 수박을 만든다.

• 수박 씨를 하나씩 세어 보며 수를 센다.

# 36. 옥수수

| 주제/소주제 | 식물과 동물/다양한 식물이 있어요 | 대상연령 | 만 2세 |

 **활동목표**

• 여름에 먹는 음식 중 옥수수에 관심을 갖는다.

  (자연탐구〉탐구하는 태도 기르기〉호기심 가지기)

• 오감을 활용하여 옥수수를 능동적으로 탐색한다.

  (자연탐구〉과학적 탐구하기〉물체와 물질 탐색하기)

**활동자료**

삶은 옥수수, 접시

**활동방법**

1. 옥수수에 대한 경험을 이야기 나눈다.

  "이것을 본 적이 있니?"

  "어떤 날씨에 보았니?" "여름에 보았구나."

  "먹어본 적 있니?"

  "맛이 어땠는지 얘기해 볼까?"

2. 옥수수를 다양한 방법으로 탐색한다.

  "옥수수 옆면을 만지니까 어떤 느낌이 드니?"

  "어떤 냄새가 나니?"

  "한 알씩 떼어서 먹어 볼까?"

▲ 옥수수

**확장 활동**

• 옥수수 옆면에 물감을 묻혀 옥수수 그림을 그린다.

• 옥수수 알을 하나씩 떼어 보며 수 세기를 한다.


**주의사항**

• 옥수수를 당일 날 미리 삶아서 준비한다.

# 37. 송편 만들기

| 주제/소주제 | 추석/추석이에요. | 대상연령 | 만 2세 |

### 활동목표

• 송편 재료를 다양한 방법으로 탐색하며 재료의 특성을 인식한다.

(자연탐구〉과학적 탐구〉물체와 물질의 특성 탐색하기)

• 송편 재료를 반복적으로 탐색하며 탐색 재료에 대한 관심을 넓힌다.

(자연탐구〉탐구적 태도〉반복적인 탐색 즐기기)

### 활동자료

송편 그림, 송편 만들기 순서도, 쌀반죽, 송편 소(깨), 요리용 앞치마 및 두건 등

### 활동방법

1. 송편 그림을 보며 송편을 보거나 먹어 본 경험에 대해 이야기를 나눈다.

　"이 그림에 있는 것은 무엇일까?"

　"이것은 송편이라는 떡이란다. 송편을 먹어 본 적 있니?"

2. 교사는 영아에게 송편을 만들 것이라고 소개하고 송편 만들기 순서도를 보며 만드는 방법을 알려
준다.

　"송편은 어떻게 만드는 것일까? 그림을 보며 알아보자."

3. 송편 재료를 탐색한다.

　"송편은 어떤 재료로 만들 수 있을까? 한번 살펴보자."

"이것은 무엇일까? 송편을 만드는 쌀반죽이야. 느낌이 어떤지 만져 볼까?"

4. 요리 순서도에 따라 송편을 만들어 본다.

   "조금 전에 보았던 요리 순서대로 송편을 만들어 보자."

5. 직접 만든 송편을 먹어 본다.

   "너희가 만든 송편을 한번 먹어 보자."

   "맛이 어떻니?"

   "송편에서는 어떤 냄새가 나니?"

확장 활동

• 직접 만든 송편을 가정으로 가져가 부모님께 선물한다.

• 윷놀이나 제기차기 등 다양한 전통 체험을 한다.

주의사항

• 탐색용 요리 재료와 송편을 만들 요리 재료를 구분하여 청결에 유의한다.

• 송편 소나 반죽을 함부로 입에 넣지 않도록 지도한다.

# 38. 식빵 탐색하기

| 주제/소주제 | 동물/땅에 사는 동물 | 대상연령 | 만 2세 |

### 활동목표

- 식빵을 다양한 방법으로 탐색하며 식빵의 특성을 인식한다.

  (자연탐구〉과학적 탐구〉물체와 물질의 특성 탐색하기)

- 식빵을 반복적으로 탐색하며 탐색재료에 대한 관심을 넓힌다.

  (자연탐구〉탐구적 태도〉반복적인 탐색 즐기기)

### 활동자료

식빵, 비닐팩, 분무기, 탐색통

### 활동방법

1. 빵을 만들었던 경험 떠올린다.

   "예전에 함께 빵 만들었던 거 기억나니?"

2. 식빵을 탐색통에서 자유롭게 탐색한다.

   "이건 여러 빵 중 식빵이라는 거야."

   "어떤 냄새가 나니?"

   "어떤 맛이 날까?"

3. 식빵에 물을 뿌려 탐색해 본다.

   "우리 함께 찢어 볼까?"

"가루도 되었네."

"비닐에 넣어 분무기를 뿌린 후 뭉쳐 보자."

"식빵이 뭉쳐지기도 하구나."

• 식빵을 활용하여 동물 모양 샌드위치를 만든다.

• 미각 탐색용 식빵과 촉감 탐색용 식빵은 구분하여 사용하도록 한다.

# 39. 내 발자국과 동물 발자국 비교하기

| 주제/소주제 | 동물/땅에 사는 동물 | 대상연령 | 만 2세 |

**활동목표**

• 동물 발자국을 탐색하며 다양한 동물 발자국의 생김새에 대해 안다.

  (자연탐구〉탐구적 태도〉주변 생명체의 외적 특성 알기)

• 동물 발자국을 따라 걸으며 이동할 수 있다.

  (신체운동〉신체조절과 기본운동〉신체조절과 기본운동)

**활동자료**

영아 발자국 모양 시트지, 동물 발자국 모양 시트지

**활동방법**

1. 동물 발자국 그림을 살펴본다.

  "이런 발자국을 본 적이 있니? 사람 발자국은 아닌 것 같고 동물 발자국이 아닐까?"

  "동물이라면 어떤 동물일까?"

2. 어떤 동물 발자국일지 이야기를 나눈다.

  "모양이 다 다르구나. 어떤 동물의 발자국일까?"

3. 동물 발자국과 내 발자국이 어떻게 다른지 비교한다.

  "○○이의 발자국과 동물의 발자국이 어떻게 다르니?"

  "어느 발자국이 더 클까?" "어느 발자국이 가장 작을까?"

4. 동물 발자국을 따라 걸어 본다.

  "동물 발자국을 따라 걸어 볼까?"

  "발자국의 주인공처럼 걸어 보고, 뛰어 보고, 달려 보기도 해 볼까?"

확장활동

• 동물 발자국과 동물을 짝짓는 퍼즐 활동을 할 수 있다.

# 40. 동물 모양 샌드위치 만들기

| 주제/소주제 | 동물/땅에 사는 동물 | 대상연령 | 만 2세 |
|---|---|---|---|

 **활동목표**

- 동물 샌드위치를 만들어 보며 동물의 외형적 특징에 대해 인식하고 동물에 대한 관심을 넓힌다.

  (자연탐구〉탐구적 태도〉주변 생명체의 외적 특성 알기)

- 샌드위치 재료를 다양한 방법으로 탐색하며 재료의 특성을 인식한다.

  (자연탐구〉과학적 탐구〉물체와 물질의 특성 탐색하기)

**활동자료**

식빵, 양배추, 햄, 딸기잼, 요리 순서도, 동물 모양틀

**활동방법**

1. 동물원에 다녀 온 경험이나 좋아하는 동물에 대해 이야기를 나눈다.

   "너희는 동물원에 가 본 적 있니? 너희가 좋아하는 동물은 무엇이니?"

2. 교사는 영아에게 좋아하는 동물 모양 샌드위치를 만들어 보자고 제안한다.

   "우리 동물원에서 보았던 동물을 직접 만들어 볼까?"

3. 샌드위치 만드는 순서와 재료를 알아본다.

   "샌드위치는 어떻게 만드는 것일까? 한번 알아보자."

4. 교사의 도움을 받아 샌드위치를 만든다.

   "식빵 위에 양배추, 햄, 딸기잼을 차례로 얹는다."

5. 좋아하는 동물을 골라서 찍어 동물 모양 샌드위치를 완성한다.

"○○이는 어떤 동물을 좋아해?"

"함께 찍어 볼까?"

6. 완성된 동물 모양 샌드위치를 소개하고 맛본다.

"○○이가 만든 샌드위치는 어떤 모양이니?"

"○○이가 만든 샌드위치를 먹어 보자. 맛이 어떠니?"

**확장 활동**

• 동네에 있는 제과점에 방문해 식빵을 만드는 과정을 들어 보는 시간을 갖는다.

**주의사항**

• 사전에 아이들이 만들고 싶어 하는 동물 모양을 파악한 후 다양한 틀을 충분히 준비해 준다.

## 41. 고구마

| 주제/소주제 | 식물과 동물/식물을 길러봐요. | 대상연령 | 만 2세 |
|---|---|---|---|

 **활동목표**

• 고구마를 다양한 방법으로 탐색하며 고구마의 특성을 인식한다.

(자연탐구〉과학적 탐구〉물체와 물질의 특성 탐색하기)

• 고구마를 반복적으로 탐색하며 탐색 재료에 대한 관심을 넓힌다.

(자연탐구〉탐구적 태도〉반복적인 탐색 즐기기)

**활동자료**

탐색통, 고구마, 접시, 영아용 칼

**활동방법**

1. 고구마를 보거나 먹어 본 경험에 대해 이야기한다.

"고구마를 먹어 본 적 있니?"

2. 영아들이 직접 캔 고구마를 소개한다.

"여기 너희가 직접 캔 고구마가 있구나. 한번 만져 볼까?"

3. 삶은 고구마를 만져 보며 생김새와 냄새 등을 탐색하고 영아용 칼을 활용하여 고구마를 잘라 본다.

"고구마는 어떻게 생겼니? 냄새는 어때?"

"고구마의 속은 무슨 색일까? 한번 잘라 보자. 고구마는 무슨 색이니?"

4. 직접 자른 고구마를 먹어 본다.

　"고구마는 어떤 맛일까?"

5. 탐색통 안에서 자유롭게 고구마를 밟아 보고 만져 보며 고구마의 촉감을 탐색한다.

　"탐색통 안에 고구마가 가득 들어 있구나. 고구마를 자유롭게 만지고 밟아 보자."

확장 활동

• 고구마를 활용하여 샐러드를 만든다.

주의사항

• 탐색했던 고구마를 함부로 입에 넣지 않도록 주의를 기울인다.

# 42. 은행잎

| 주제/소주제 | 가을/가을 열매와 곡식 | 대상연령 | 만 2세 |
|---|---|---|---|

**활동목표**

- 은행잎을 탐색하며 색과 모양을 비교한다.

  (자연탐구〉과학적 탐구〉물체와 물질의 특성 탐색하기)

- 가을에는 나뭇잎의 색이 변화하는 것을 인식한다.

  (자연탐구〉과학적 탐구〉자연현상 인식하기)

**활동자료**

은행잎, 그림자료, 돋보기

**활동방법**

1. 은행잎 실물 자료를 자유롭게 탐색한다.

   "이것은 무엇일까?"

   "은행잎이라고 해. 은행잎의 느낌이 어떠니?"

2. 은행을 돋보기로 관찰하며 단풍잎의 색과 모양을 탐색한다.

   "여기에도 예쁜 단풍잎이 있구나.

3. 그림자료를 보며 은행잎의 색이 어떻게 변화했는지 비교해 본다.

   "앞에 있는 은행잎과 뒤에 있는 은행잎의 색이 어떻게 다르니?"

   "그래. 초록색에서 노란색으로 변했구나."

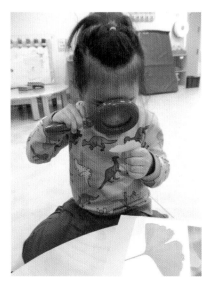

확장 활동

• 은행잎을 밟아 보며 단풍잎 밟기 놀이를 한다.

• 가을 나뭇잎을 활용한 인형 만들기 놀이를 한다.

주의사항

• 실물 자료(나뭇잎)를 탐색하며 잎에 넣지 않도록 주의를 기울인다.

# 43. 고구마 샐러드 만들기

| **주제/소주제** | 가을/가을 열매와 곡식 | **대상연령** | 만 2세 |
| --- | --- | --- | --- |

**활동목표**

- 고구마를 다양한 방법으로 탐색하며 고구마의 특성을 인식한다.

  (자연탐구〉 과학적 탐구〉 물체와 물질의 특성 탐색하기)

**활동자료**

깐 고구마, 매셔, 건포도, 아몬드 슬라이스, 마요네즈, 주걱, 개인 숟가락, 접시

**활동방법**

1. 고구마 샐러드 만드는 방법을 알아본다.

2. 고구마 샐러드의 재료를 탐색한다.

   "고구마 샐러드를 만드려면 어떤 재료들이 있어야 할까? 한번 살펴볼까?"

3. 깐 고구마를 매셔로 으깬다.

   "고구마를 여기 매셔로 으깨야 해. ○○이가 해 볼까?"

4. 건포도, 아몬드 슬라이스, 마요네즈를 넣고 잘 버무린다.

   "이제 고구마와 다른 재료들을 넣고 주걱으로 잘 섞어 보자."

5. 완성된 고구마 샐러드를 맛본다.

   "너희가 만든 고구마 샐러드 맛이 어떠니?"

확장 활동

• 고구마 모양 찍기를 해 본다.


주의사항

• 청결에 주의하며 요리 활동을 하도록 한다.

# 44. 쌀 무게 재기

| 주제/소주제 | 가을/가을 열매와 곡식 | 대상연령 | 만 2세 |

**활동목표**

- 쌀의 무게를 재 보며 무게에 대한 개념을 넓힌다.

  (자연탐구〉수학적 탐구〉수량 인식하기)

- 쌀을 다양한 방법으로 탐색하며 쌀의 특성을 인식한다.

  (자연탐구〉과학적 탐구〉물체와 물질의 특성 탐색하기)

**활동자료**

양팔 저울, 쌀이 밀봉된 비닐팩

**활동방법**

1. 한 봉지씩 양팔 저울에 하나씩 올려 놓는다.

   "빨간색 바구니와 파란색 바구니가 어떻게 되고 있지?"

2. 원하는 곳에 올려 놓고 어느 쪽으로 기우는지 탐색한다.

   "어떤 쪽에 쌀을 올려 놓을까?"

   "어느 쪽으로 기울었니?"

3. 함께 쌀봉지를 세어 본다.

   "쌀봉지는 몇 개일까? 한번 세어 보자."

확장 활동

• 쌀을 숟가락으로 옮기면서 놀이한다.

• 쌀이나 가을 곡식을 활용하여 마라카스를 만든다.

주의사항

• 쌀이 밀봉된 비닐이 터지지 않도록 단단히 밀봉해야 한다.

# 45. 자동차 타이어

| 주제/소주제 | 탈것/땅에서 타는 탈것 | 대상연령 | 만 2세 |
|---|---|---|---|

- 자동차 타이어 모양을 탐색하며 자동차에 대한 관심을 넓힌다.

  (자연탐구〉과학적 탐구〉생활도구에 관심 가지기)

- 타이어 모양 찍기를 통해 자동차 타이어의 심미적인 요소를 탐색한다.

  (예술경험〉심미적 탐색〉주변 환경의 예술적 요소 탐색하기)

**활동자료**

자동차 바퀴 교구, 검정색 도화지, 흰색 물감

**활동방법**

1. 자동차 바퀴를 본 경험과 생김새에 대해 이야기를 나눈다.

   "자동차 바퀴를 본 적 있니?"

   "자동차 바퀴는 어떻게 생겼니?

2. 흰색 물감에 자동차 바퀴를 굴려 본다.

   "자동차 바퀴를 흰색 물감에 굴려 보자."

3. 검정색 도화지에 물감을 묻힌 자동차 바퀴를 굴려 본다.

   "검정색 도화지에 물감을 묻힌 바퀴를 굴려 볼까?"

   "와 멋진 바퀴 모양이 나타났네. 여기 다른 모양 바퀴도 굴려 볼까?"

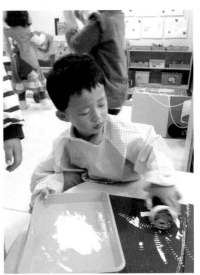

4. 도화지에 나타난 다양한 모양의 바퀴 모양을 탐색한다.

"도화지에 멋진 바퀴 무늬가 생겼구나. 이 바퀴하고 이 바퀴는 모양이 어떻게 다르니?"

#### 확장 활동

• 자동차 바퀴 그림자 찾기 놀이를 한다.
• 여러 가지 바퀴 모양을 따라 움직이며 놀이한다.

#### 주의사항

• 다양한 모양의 바퀴를 준비하여 여러 가지 바퀴 모양을 탐색할 수 있도록 한다.

# 46. 밀가루 반죽

| 주제/소주제 | 겨울/즐거운 성탄이에요. | 대상연령 | 만 2세 |
|---|---|---|---|

 **활동목표**

• 밀가루 반죽의 특징을 인식하고 다양한 방법으로 탐색한다.

  (자연탐구 〉 과학적 탐구 〉 물체와 물질의 특성 탐색하기)

• 밀가루 반죽에 모양 찍기를 해 보고 물감을 섞어 보며 미술 활동을 즐긴다.

  (예술경험 〉 예술적 표현 〉 단순한 미술 활동 즐기기)

**활동자료**

밀가루 반죽, 점토 트레이, 점토용 칼, 모양 틀, 천연 색소 또는 물감 등

**활동방법**

1. 밀가루 반죽을 보고 만지고 냄새를 맡아 보며 자유롭게 탐색한다.

   "이것은 무엇일까? 그래. 밀가루로 만든 반죽이구나. 한번 만져 보자."

2. 밀가루 반죽에 물감을 넣어 섞어 본다.

   "밀가루 반죽에 물감을 넣으면 어떻게 될까?"

   "우와 예쁜 색깔의 밀가루 반죽이 되었구나."

3. 다양한 색으로 물들인 반죽을 잘라 보거나 모양 틀로 찍어 보며 놀이한다.

   "예쁘게 변한 밀가루 반죽을 모양틀로 찍어 볼까?"

   "모양 틀로 찍으니 어떤 모양이 되었을까?"

확장 활동

• 밀가루 반죽으로 크리스마스 쿠키를 만들어 본다.

주의사항

• 탐색했던 밀가루 반죽을 함부로 입에 넣지 않도록 주의를 기울인다.

## 47. 색깔 관찰판

| | | | |
|---|---|---|---|
| **주제/소주제** | 색과 모양/여러 가지 색깔이 있어요. | **대상연령** | 만 2세 |

**활동목표**

- 다양한 색에 대해 호기심을 가지고 탐색을 즐긴다.

  (자연탐구〉탐구적 태도〉주변의 사물과 현상에 호기심 가지기)

- 여러 가지 색을 섞으면 색이 변화한다는 것을 인식한다.

  (자연탐구〉과학적 탐구〉물체와 물질의 특성 탐색하기)

**활동자료**

색깔 관찰판, 다양한 색깔 그림자료

**활동방법**

1. 내가 좋아하는 색깔에 대해 이야기를 나눈다.

   "○○이가 좋아하는 색깔은 무엇이니?"

2. 그림자료를 보며 색깔과 색깔이 만나면 어떻게 변화하는지 알아본다.

   "그림에서 빨간색과 파란색이 만나니 어떤 색이 되었니?"

3. 그림자료와 같은 색깔 관찰판을 찾아 색의 변화를 만들어 보고 탐색한다.

   "그림에서 본 것처럼 색깔판으로 보라색을 만들어 볼까?"

4. 색깔 관찰판을 눈에 대고 관찰하며 색을 탐색한다.

   "이제 색깔판을 눈에 대고 관찰해 보자. 어떤 색깔로 보이니?"

• 그림자료를 보며 다양한 물감으로 색을 섞어 보며 색칠 놀이를 한다.

• 친구들 얼굴 가까이에 색깔 관찰판을 대지 않도록 주의한다.

# 48. 하늘에서 떨어지는 튀밥

| 주제/소주제 | 색과 모양/다양한 모양 | 대상연령 | 만 2세 |
|---|---|---|---|

### 활동목표

- 튀밥을 자유롭게 뿌려 보며 즐겁게 탐색한다.

  (자연탐구〉 과학적 탐구〉 물체와 물질의 특성 탐색하기)

- 튀밥을 친구와 함께 머리 위로 뿌려 보며 몸을 자유롭게 움직인다.

  (신체운동〉 감각과 신체인식〉 신체를 인식하고 움직이기)

### 활동자료

튀밥, 탐색통, 플라스틱 투명통 등

### 활동방법

1. 교사는 트레이에 튀밥을 제시하여 자유롭게 튀밥을 탐색할 수 있도록 한다.

   "이것은 무엇일까?

   "어떤 맛이 날까?"

   "어떤 냄새가 나니?"

2. 튀밥을 플라스틱통에 담고 흔들어 본다.

   "튀밥을 여기 통에 담아 보고 흔들어 보자."

   "무슨 소리가 나니?"

3. 탐색통에서 친구와 함께 튀밥을 위에서 아래로 뿌려 본다.

"친구에게 튀밥을 뿌려 줘 볼까? 마치 눈이 내리는 것 같구나."

4. 발과 손을 튀밥 속에 숨겨 보며 자유롭게 놀이한다.

"튀밥 속에 발을 숨겨 볼까? ○○이 발 어디 있나?

### 확장 활동

• 튀밥을 활용하여 모양 그림을 그린다.

### 주의사항

• 미각 탐색용 튀밥과 촉감 탐색용 튀밥은 따로 제시한다.

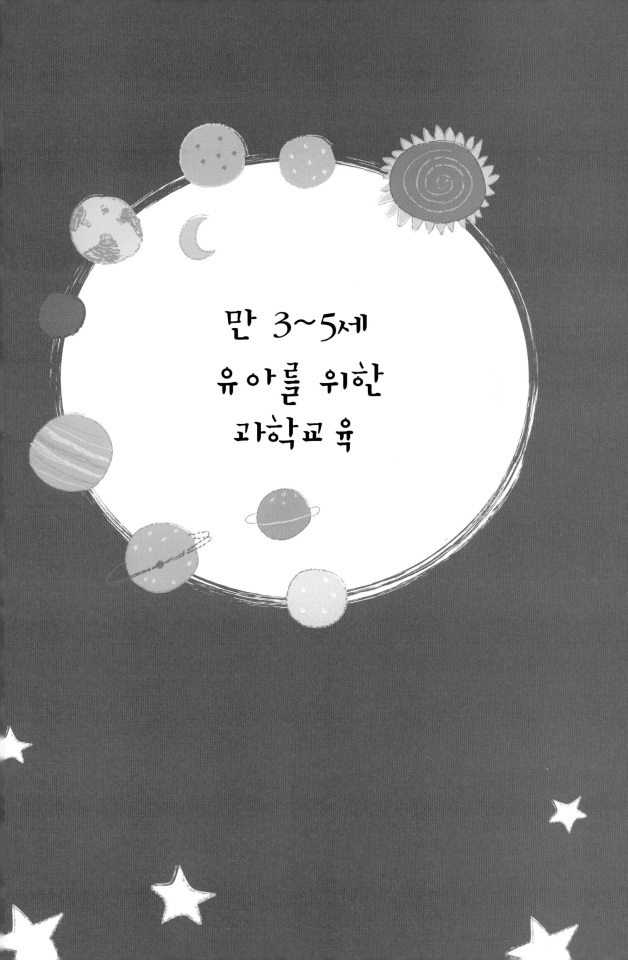

만 3~5세
유아를 위한
과학교육

# 1. 볼록 거울, 오목 거울

| 주제/소주제 | 즐거운 어린이집/새로 꾸민 우리반 | 대상연령 | 만 5세 |
| --- | --- | --- | --- |

### 활동목표

- 오목거울과 볼록거울에 관심을 가지고 활용한다.

  (자연탐구〉과학적 탐구하기〉간단한 도구와 기계 활용하기〉생활 속에서 간단한 도구와 기계를 활용한다.)

- 오목거울과 볼록거울의 공통점과 차이점에 대한 자신의 생각을 말한다.

  (의사소통〉말하기〉느낌, 생각, 경험 말하기〉자신의 느낌, 생각, 경험을 적절한 낱말과 문장으로 말한다.)

### 활동자료

오목 거울과 볼록 거울(혹은 오목렌즈 돋보기, 볼록렌즈 돋보기), 밴다이어그램

[예] 오목 거울과 볼록 거울

**활동방법**

1. 오목거울과 볼록거울을 살펴본다.

    "이것은 오목거울이란다. 어떻게 생겼니?"

    "오목거울에 얼굴을 가까이 대니 어떻게 보이니?"

    "볼록거울은 어떻게 생겼니?"

    "볼록거울에 얼굴을 가까이 대니 어떻게 보이니?"

2. 오목거울과 볼록거울의 차이점과 공통점을 밴다이어그램에 적는다. 유아가 글을 쓰기 어려워하
   면 교사가 대신 적어 주고 그 내용을 유아에게 들려준다.

    "오목거울과 볼록거울의 공통점은 무엇일까?"

    "오목거울과 볼록거울의 차이점은 무엇일까?"

3. 오목거울과 볼록거울이 어디에 사용되는지 알아본다.

    "볼록거울은 어디에서 사용할까?"

    "볼록거울은 바르고 작게 보이기 때문에 상점의 감시용 거울이나 자동차 거울에 사용한단다."

    "오목거울은 어디에서 사용할까?"

    "오목거울은 가까이 있을 때 크고 바르게 보이기 때문에 치과용 거울이나 화장 거울로 사용한
    단다."

**확장 활동**

• 오목거울과 볼록거울에 얼굴을 비추고 나타난 얼굴 모습을 그림으로 그려 본다.

**주의사항**

• 깨지지 않는 안전거울을 제공한다.

## 2. 어린이집에 있는 도구를 살펴보아요

| 주제/소주제 | 즐거운 어린이집/새로 꾸민 우리반 | 대상연령 | 만 3세 |
|---|---|---|---|

**활동목표**

• 어린이집에 있는 다양한 도구에 관심을 가진다.

   (자연탐구〉 과학적 탐구하기〉 간단한 도구와 기계 활용하기〉 생활 속에서 간단한 도구와 기계에 관심을 갖

   는다.)

• 도구의 사용방법을 말한다.

   (의사소통〉 말하기〉 느낌, 생각, 경험 말하기〉 자신의 느낌, 생각, 경험을 말해 본다.)

**활동자료**

어린이집의 다양한 도구 그림자료, 분류표

[예] 도구 그림카드

| 안전가위 | 샤워기 | 냄비 | 물뿌리개 |
|---|---|---|---|

1. 다양한 도구 그림카드를 보면서 이야기를 나눈다.

　"이것은 무엇이니?"

　"이 도구는 어떻게 이용하니?"

2. 도구의 사용 장소와 모양에 대해 유아가 말한 내용을 그래프로 알려준다.

| 도구 | 사용장소 | 모양 |
| --- | --- | --- |
| 안전 가위 | 보육실 | 길죽하다 |
| 샤워기 | 화장실 | 동그랗다 |
| 냄비 | 주방 | 넓적하다 |
| 물뿌리개 | 화단 | 동그랗고 구멍이 뚫려 있다 |

3. 도구가 없다면 어떻게 될지 상상해 본다.

　"만약 안전가위가 없다면 어떻게 될까?"

　"만약 샤워기가 없다면 어떻게 될까?"

　"만약 냄비가 없다면 어떻게 될까?"

　"만약 물뿌리개가 없다면 어떻게 될까?"

4. 도구의 사용방법에 대해 이야기를 나눈다.

　"안전가위는 어떻게 사용하니?"

　"샤워기는 어떻게 사용하니?"

확장 활동

• 여러 가지 주변의 도구를 얇은 용지 밑에 대고 색연필로 베껴 내기를 해 본다.

주의사항

• 깨지거나 부서진 부분이 있는지 확인하고 유아에게 안전한 도구를 제공한다.

# 3. OHP 그림자

| 주제/소주제 | 즐거운 어린이집/새로 꾸민 우리반 | 대상연령 | 만 3세 |
|---|---|---|---|

### 활동목표

• 교실 안 도구에 관심을 가진다.

(자연탐구〉과학적 탐구하기〉간단한 도구와 기계 활용하기〉생활 속에서 간단한 도구와 기계에 관심을 갖
는다.)

• 도구의 사용방법을 말한다.

(의사소통〉말하기〉느낌, 생각, 경험 말하기〉자신의 느낌, 생각, 경험을 말해 본다.)

### 활동자료

보육실의 다양한 물건(레고블록, 물컵, 가위, 책 등), OHP

### 활동방법

1. OHP 기계를 소개한다.

"여기에 있는 이 물건은 무엇을 하는 기계일까?"

"이 위에 물건을 놓으면 어떻게 될 것 같니?"

"물건과 똑같은 모양의 그림자가 생기는구나."

2. 보육실에 있는 물건을 OHP 기계 위에 하나씩 올려놓고, 화면에 비친 그림자 모양을 살펴본다.

이때 가림판으로 OHP 기계 위의 물건이 보이지 않도록 한다.

"교실에 있는 물건들을 OHP 기계에 올려놓으면 어떤 모양의 그림자가 생길까?"

3. 그림자를 보고, 물건의 이름과 쓰임새를 이야기해 본다.

"물건의 그림자만을 보고 그 물건의 이름을 맞혀 볼 수 있겠니?"

"이 물건은 어느 영역에서 쓰는 것일까?"

"이 물건으로 무슨 놀이를 할 수 있을까?"

"이 도구는 어떻게 이용하니?"

확장 활동

• 그림자 동화를 들려준다.

주의사항

• OHP는 평평한 곳에 설치하고 교사가 관리한다.

# 4. 확대경으로 나뭇잎을 살펴보아요

| 주제/소주제 | 즐거운 어린이집/새로 꾸민 우리반 | 대상연령 | 만 3세 |

### 활동목표

• 나뭇잎에 관심을 가진다.

　(자연탐구〉과학적 탐구하기〉간단한 도구와 기계 활용하기〉생활 속에서 간단한 도구와 기계에 관심을

　갖는다.)

• 나뭇잎을 색연필로 베껴 본다.

　(예술경험〉예술적 표현하기〉미술활동으로 표현하기〉다양한 미술활동을 경험해 본다.)

### 활동자료

다양한 나뭇잎, 크고 작은 확대경, 확대경이 부착된 관찰 상자, 얇은 종이, 색연필

### 활동방법

1. 확대경과 관찰 상자를 제시하고 이야기를 나눈다.

　"이것은 무엇이니?"

　"돋보기구나. 돋보기로 보면 어떻게 보이니?"

2. 확대경으로 주변에 있는 나뭇잎을 관찰한다.

　"확대경으로 보니까 잎이 크게 보이는구나."

　"잎을 자세히 보니 어떻게 생겼니?"

　"잎에 주름이 있고 뾰족한 부분도 있구나."

3. 나뭇잎을 얇은 종이 밑에 대고 색연필로 베껴 내어 본다.

"나뭇잎을 얇은 종이 밑에 대고 색연필로 베껴 보자."
"확대경으로 본 나뭇잎과 비슷하니?"

확장 활동

• 같은 색깔이나 모양을 가진 잎끼리 모아 본다.
• 봄에 피는 꽃들의 잎을 확대경으로 관찰한다.

주의사항

• 유아가 잎을 만지기 전에 독성이 있는 식물이 아님을 확인한다.

# 5. 씨앗 관찰하기

| 주제/소주제 | 동식물과 자연/식물과 우리 생활 | 대상연령 | 만 3세 |

### 활동목표

• 씨앗에 관심을 가진다.

  (자연탐구〉과학적 탐구하기〉생명체와 자연환경 알아보기〉주변의 동식물에 관심을 가진다.)

• 꽃과 꽃씨를 짝 짓는다.

  (자연탐구〉수학적 탐구하기〉기초적인 자료수집과 결과 나타내기〉같은 것끼리 짝을 짓는다.)

### 활동자료

여러 가지 봄에 피는 꽃(개나리, 진달래, 철쭉, 벚꽃, 목련) 사진이나 그림자료, 여러 가지 봄에 피는 꽃(개나리, 진달래, 철쭉, 벚꽃, 목련)의 꽃씨, 확대경, 꽃씨 그림자료

### 활동방법

1. 봄에 피는 꽃 사진이나 그림자료를 제시하고 이야기를 나눈다.

  "봄에 피는 꽃은 어떤 것들이 있니?"

  "개나리가 있구나. 개나리는 어떻게 생겼니?"

2. 봄에 피는 꽃의 씨를 확대경으로 살펴본다.

  "이 꽃씨는 어떤 꽃의 씨이니?"

  "꽃씨가 어떻게 생겼니?"

  "꽃씨 중에 가장 큰 꽃씨는 무슨 꽃이니?"

3. 꽃 사진이나 그림자료와 꽃씨는 서로 섞어 놓고 짝을 찾아보게 한다.

"개나리 꽃의 씨앗을 찾아보자."

"목련 꽃의 씨앗을 찾아보자."

확장 활동

• 씨앗을 심고 물을 주면서 식물을 기르는 활동을 한다.

• 노래 〈씨앗〉에 맞추어 신체표현을 한다.

주의사항

• 유아가 잎을 만지기 전에 독성이 있는 식물이 아님을 확인한다.

# 6. 콩나물 기르기

| 주제/소주제 | 동식물과 자연/식물과 우리 생활 | 대상연령 | 만 3세 |

### 활동목표

• 콩나물을 기르는 데 물이 필요함을 안다.

(자연탐구〉 과학적 탐구하기〉 생명체와 자연환경 알아보기〉 주변의 동식물에 관심을 가진다.)

• 콩나물의 생김새에 대해 말한다.

(의사소통〉 말하기〉 느낌, 생각, 경험 말하기〉 자신의 느낌, 생각, 경험을 말해 본다.)

### 활동자료

솜, 검은 천, 페트병 1개, 넓적한 그릇 1개, 콩나물 콩, 나무젓가락, 관찰일지

### 활동방법

1. 콩나물에 대해 이야기를 나눈다.

"콩나물을 먹어 본 적이 있니?"

"콩나물은 어떻게 생겼니?"

2. 콩나물을 기르는 방법에 대해 알아본다.

"콩나물은 어디서 나는 것일까?"

"콩나물을 교실에서 길러 볼까?"

3. 유아들과 물을 주는 당번을 정한다.

4. 콩나물이 자라는 과정을 관찰하여 그림으로 그려 본다.

| 콩나물을 기르는 방법 |

① 콩을 하루 정도 불린다.

② 페트병을 반으로 자르고, 바닥에 구멍을 몇 개 뚫는다.

③ 페트병 바닥에 솜을 깔고, 그 위에 콩을 뿌린다.

④ 넓적한 그릇 위에 젓가락을 2개 놓고, 그 위에 페트병을 설치한다.

⑤ 검은 천을 씌운다.

⑥ 여러 차례 물을 준다.

**확장 활동**

• 여러 가지 콩을 색깔과 크기별로 구분해 본다.

**주의사항**

• 콩나물을 키울 때 햇빛을 보이지 않도록 주의한다.

## 7. 나비가 되었어요

| | | | |
|---|---|---|---|
| **주제/소주제** | 봄과 동식물/동물의 봄맞이 | **대상연령** | 만 5세 |

**활동목표**

• 나비의 성장과정을 알아본다.

  (자연탐구〉 과학적 탐구하기〉 생명체와 자연환경 알아보기〉 관심 있는 동식물의 특성과 성장과정을 알아
  본다.)

• 나비의 성장과정을 몸으로 표현해 본다.

  (예술경험〉 예술적 표현하기〉 움직임과 춤으로 표현하기〉 신체를 이용하여 주변의 움직임을 다양하게 표
  현하며 즐긴다.)

**활동자료**

나비의 성장과정 그림자료나 사진자료(알 → 애벌레 → 번데기 → 나비), 〈유모레스크〉 음원, 알 모양
의 상자, 번데기 모양의 상자, 골판지로 만든 나비 날개

[예] 나비의 성장과정

**활동방법**

1. 나비를 본 경험에 대해 이야기해 본다.

"나비를 본 적 있니?"

"어디서 보았니?"

"어떤 모습(날아다니는 모습, 앉아 있는 모습 등), 생김새, 색깔의 나비를 보았니?"

2. 나비의 성장과정 그림자료를 보며 이야기를 나누고 몸으로 표현해 본다.

"나비는 어디에서 태어날까?"

"애벌레의 색깔은 어떠니?"

"모습은 어떠니?"

"나비는 무엇을 먹고 자랄까?"

"번데기 안에서 나비는 어떻게 하고 있을까?"

"나비가 되었을 때 기분은 어떨까?"

3. 알, 애벌레, 번데기, 나비 역할을 정하고 〈유모레스크〉 음악을 들으며 몸으로 표현해 보고 알 안에서, 애벌레일 때, 번데기일 때, 나비가 되었을 때의 느낌을 이야기해 본다.

"알 안에서 어떤 느낌이 들었니?"

"애벌레일 때 느낌이 어땠니?"

"번데기일 때 느낌이 어땠니?"

"나비가 되었을 때 느낌이 어땠니?"

**확장 활동**

• 여러 가지 나비 퍼즐 맞추기를 한다.

• 나비와 꽃 일대일 대응을 해 본다.

**주의사항**

• 나비 실물이나 사진자료를 통해 나비를 잘 관찰할 수 있도록 한다.

# 8. 병아리 모이 주기

| 주제/소주제 | 동식물과 자연/동물의 봄맞이 | 대상연령 | 만 4세 |
|---|---|---|---|

### 활동목표

• 닭의 성장과정에 관심을 갖는다.

(자연탐구〉과학적 탐구하기〉생명체와 자연환경 알아보기〉관심 있는 동식물의 특성과 성장과정을 알아본다.)

• 10까지 수를 셀 수 있다.

(자연탐구〉수학적 탐구하기〉수와 연산의 기초개념 알아보기〉열 개 가량의 구체물을 세워보고 수량을 알아본다.)

### 활동자료

병아리 성장과정 그림자료(알 → 병아리 → 닭), 10개의 구멍이 있는 계란판, 집게, 노란색 뿅뿅이 10개, 병아리가 1~6마리 그려져 있는 주사위

[예] 닭 성장과정

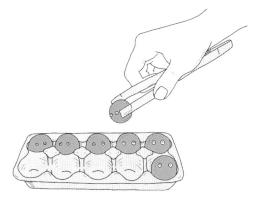

1. 닭의 성장과정 그림자료를 보면서 이야기를 나눈다.

   "닭은 어디에서 태어날까?"

   "병아리의 색깔은 어떠니?"

   "모습은 어떠니?"

   "병아리는 무엇을 먹고 자랄까?"

   "닭이 되었을 때 기분은 어떨까?"

2. 병아리 모이 주기 활동 방법을 알려주고

   활동을 시작한다.

   ① 계란판을 가져간다.

   ② 주사위를 던져 병아리가 나온 숫자만큼

      계란판 위에 집게로 노란색 뿅뿅이를

      올려놓는다.

   ③ 계란판을 다 채우면 끝난다.

3. 계란판 위의 노란색 뿅뿅이를 손으로 짚어

   가며 세워 본다.

**확장 활동**

• 닭 발자국 찍기 미술활동을 해 본다.

• 동물의 소리 듣고 동물 알아맞히기 활동을 한다.

**주의사항**

• 닭의 성장과정에 대한 사실적인 그림자료나 사진자료를 제공한다.

## 9. 동물들은 어디에서 살까요

| 주제/소주제 | 동물/동물이 사는 곳 | 대상연령 | 만 3세 |
| --- | --- | --- | --- |

**활동목표**

• 동물이 사는 곳을 안다.

　(자연탐구〉과학적 탐구하기〉생물체와 자연환경 알아보기〉주변의 동식물에 관심을 가진다.)

• 동물의 이름을 말할 수 있다.

　(의사소통〉말하기〉낱말과 문장으로 말하기〉친숙한 낱말을 발음해 본다.)

**활동자료**

삼각주사위, 하늘/땅/바다로 구분되는 배경자료, 여러 가지 동물 그림자료

[예] 여러 가지 동물 그림

1. 활동 자료를 살펴본다.

   "여기에 무엇이 있니?"

   "이것은 삼각주사위구나. 세모 모양으로 생겼네. 삼각주사위는 던져서 밑에 있는 숫자를 보는
   거야."

   "여기에 어떤 동물들이 있니?"

   "○○는 어떤 동물을 좋아하니?"

2. 게임하는 방법을 알아본 다음 게임을 한다.

   ① 순서를 정한다.

   ② 주사위를 던져서 나온 하늘, 땅, 바다 중 해당되는 지역에 사는 동물 그림을 붙인다.

   만약 틀리게 붙인다면 왜 그런지 이유를 물어보고 타당한 이유면 그대로 둔다. 타당한 이유가

   아닌 경우 다르게 생각하는 친구가 있는지 물어보고 붙이게 한다.

   ③ 동물 그림자료를 다 붙이면 게임을 끝낸다.

3. 동물 그림을 다 붙인 후 어느 장소에 사는 동물이 많은지 수를 세워 본다.

   "땅에 사는 동물은 모두 몇 마리니?"

   "어느 곳에 사는 동물이 가장 많니?"

확장 활동

• 동물 사진자료의 부분을 보고 동물 알아맞히기 활동을 한다.

## 10. 재미있는 동물 놀이 책

| | | | |
|---|---|---|---|
| 주제/소주제 | 동물/동물의 생김새 | 대상연령 | 만 3세 |

### 활동목표

• 동물의 생김새에 관심을 갖는다.

(자연탐구〉과학적 탐구하기〉생물체와 자연환경 알아보기〉주변의 동식물에 관심을 가진다.)

• 소근육을 이용하여 붙이거나, 지퍼를 올리거나, 끈을 묶을 수 있다.

(신체운동 · 건강〉신체조절과 기본 운동하기〉신체 조절하기〉눈과 손을 협응하여 소근육을 조절해 본다.)

### 활동자료

조작놀이용 동물 놀이 책(단추 꿰기, 지퍼 올리기 등)

### 활동방법

1. 활동 자료를 살펴본다.

"여기에 무엇이 있니?"

"동물 그림책이 있네. 와! 아기 캥거루가 엄마 배로 쏙 들어가네(지퍼를 닫아준다)."

"또 어떤 동물이 있니?"

2. 동물 놀이책을 펼쳐 리본, 끈, 지퍼를 조작해 보면서 동물의 생김새나 울음소리를 흉내내 보게 한다.

"여기 누워 있는 동물은 이름이 무엇이니? 꿀꿀 돼지구나."

"아기 돼지가 엄마 젖을 먹고 싶은가 봐. 똑딱 단추를 채워 보자."

"아기 돼지가 한 마리, 두 마리, 세 마리가 엄마 젖을 먹고 있구나."

3. 활동을 마친 후 소품 주머니에 담아 정리한다.

• 동물의 어미와 새끼 짝짓기 활동을 한다.

• 유아가 스스로 동물 놀이책의 지퍼를 올리거나, 단추를 열고 닫을 수 있도록 격려한다.

# 11. 동물 관찰하기

| 주제/소주제 | 동물/동물의 생김새 | 대상연령 | 만 3세 |

#### 활동목표

- 동물에 관심을 갖는다.

  (자연탐구〉 과학적 탐구하기〉 생명체와 자연환경 알아보기〉 주변의 동식물에 관심을 가진다.)

- 동물의 생김새를 그림으로 표현한다.

  (예술경험〉 예술적 표현하기〉 미술활동으로 표현하기〉 다양한 미술활동을 경험해 본다.)

#### 활동자료

도화지, 색연필

#### 활동방법

1. 동물원에 가서 동물을 관찰하게 한다.

   "이 동물의 이름은 무엇이니?"

   "이 동물은 어디에서 무엇을 먹고 사니?"

   "이 동물은 어떻게 생겼니?"

   "이 동물은 무엇을 좋아할까?"

2. 도화지에 관찰한 동물의 생김새를 그림으로 표현한다.

   "어느 동물을 관찰했니?"

   "관찰한 동물을 그림으로 표현해 보자."

3. 친구들 앞에 자신이 그린 동물을 보여 주고 동물에 대해 이야기를 나눈다.

"○○가 그린 동물에 대해 이야기해 보자."

"○○가 그린 동물은 어떤 동물일까?"

"어디서 이 동물을 보았니?"

**확장 활동**

• 동물과 동물의 먹이를 짝짓는 활동을 한다.

**주의사항**

• 동물을 함부로 만지거나, 동물에게 과자를 주지 않도록 한다.

# 12. 알을 낳는 동물과 새끼를 낳는 동물

| 주제/소주제 | 동식물과 자연/동물과 우리 생활, 궁금한 동식물 | 대상연령 | 만 4세 |

### 활동목표

- 알을 낳는 동물과 새끼를 낳는 동물에 대해 관심을 갖는다.

  (자연탐구〉 과학적 탐구하기〉 생명체와 자연환경 알아보기〉 관심 있는 동식물의 특성을 알아본다.)

- 동물 소리를 듣고 동물의 이름을 말한다.

  (의사소통〉 말하기〉 느낌, 생각, 경험 말하기〉 자신의 느낌, 생각, 경험을 말한다.)

### 활동자료

동물 소리 음원, 알을 낳는 동물 그림 퍼즐(닭과 알, 개구리와 알, 오리와 알, 악어와 알, 타조와 알, 앵무새와 알), 새끼를 낳는 동물 그림퍼즐(돼지와 새끼, 강아지와 새끼, 토끼와 새끼, 호랑이와 새끼, 고양이와 새끼, 고래와 새끼)

[예] 알을 낳는 동물

[예] 새끼를 낳는 동물

1. 동물의 소리를 듣고 어느 동물인지 알아본다.

"이것은 어느 동물의 소리일까? 따라 해 보자."

"그래, 강아지구나."

"그러면 이 소리는 어느 동물의 소리일까?"

"꼬꼬댁 닭이구나."

2. 바닥에 놓인 동물 퍼즐을 맞추어 본다.

"퍼즐을 맞춰 보자. 어떤 동물일까?"

3. 알을 낳는 동물과 새끼를 낳는 동물로 구분해 본다.

"알을 낳는 동물은 어떤 것들이 있니?"

"새끼를 낳는 동물은 어떤 것들이 있니?"

확장 활동

• 동물의 알의 크기, 색깔 등을 비교해 본다.

주의사항

• 동물의 실제 사진을 보여 주거나 소리를 들려주어 동물을 사실적으로 인식하도록 한다.

# 13. 동물이 우리에게 주는 것

| 주제/소주제 | 동식물과 자연/동물과 우리 생활, 궁금한 동식물 | 대상연령 | 만 4세 |

**활동목표**

• 동물들이 우리에게 주는 것에 대해 알고 소중히 여긴다.

  (자연탐구 영역〉 과학적 탐구하기〉 생명체와 자연환경 알아보기〉 생명체를 소중히 여기는 마음을 갖는다.)

• 동물 이름을 알고 글자를 연결할 수 있다.

  (의사소통 영역〉 읽기〉 읽기에 흥미 가지기〉 주변에서 친숙한 글자를 찾아본다.)

**활동자료**

동물과 동물이 주는 것 그림카드

[예] 닭과 소가 우리에게 주는 것 그림카드

|  닭  |  계란  |  닭고기  |

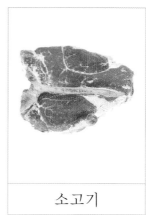

| 소 | 우유 | 소고기 |

1. 동물 사진을 보여 주고 울음소리를 내 보게 한다.

   "소는 무슨 소리를 내니?"

   "꼬끼오 하고 소리를 내는 동물은 어떤 동물일까?"

2. 우리에게 동물들이 주는 것에 대해 이야기를 나눈다.

   "얼룩소는 우리에게 우유를 준단다."

   "또 우리에게 이로운 동물은 어떤 동물들이 있니?"

   "닭은 우리에게 계란을 주고 나중에 통닭으로 먹기도 하는구나."

3. 동물 그림과 동물이 주는 것을 연결해 본다.

   "악어가 주는 물건은 어느 것일까?"

   "무서운 악어의 가죽으로 가방을 만드는구나."

확장 활동

• 동물 행동을 흉내내 보는 신체표현을 한다.

주의사항

• 동물과 우리의 생활과의 관계에 대해 관심을 갖게 한다.

# 14. 동물 가족 찾기

| 주제/소주제 | 동식물과 자연/동물과 우리 생활, 궁금한 동식물 | 대상연령 | 만 4세 |
| --- | --- | --- | --- |

### 활동목표

- 어미와 새끼 동물을 안다.

  (자연탐구〉 과학적 탐구하기〉 생명체와 자연환경 알아보기〉관심 있는 동식물의 특성을 알아본다.)

- 노래에 맞추어 움직인다.

  (예술경험〉 예술적 표현하기〉 움직임과 춤으로 표현하기〉 움직임과 춤으로 자신의 생각과 느낌을 표현한다.)

### 활동자료

어미와 새끼 동물 가족 그림카드(코끼리, 병아리, 펭귄, 원숭이, 참새 등)

[예] 동물 가족 그림카드

코끼리

닭

원숭이

새

1. 동물 가족 그림카드를 보고 이야기를 나눈다.

　"여기에 어떤 동물이 있니?

　"어미와 새끼를 찾아보자."

　"이 동물은 어떻게 움직이니?"

2. 어미와 새끼 동물을 찾는 게임을 한다.

　① 어미와 새끼 동물가족의 그림카드를 하나씩 나누어 갖는다.

　② 어미 그림을 가진 친구가 동물의 움직임을 흉내 낸다.

　③ 새끼 동물 그림을 가지고 있는 친구가 새끼 동물 그림을 어미 동물 흉내를 내는 친구에게 보여
　　 주고 같이 동물 흉내를 낸다.

• 재활용품을 이용해서 동물 가면 만들기를 한다.

# 15. 알을 낳았어요

| 주제/소주제 | 동식물과 자연/동물과 우리 생활, 궁금한 동식물 | 대상연령 | 만 4세 |

### 활동목표

- 알을 낳는 닭에 대해 알아본다.

  (자연탐구〉 과학적 탐구하기〉 생명체와 자연환경 알아보기〉 관심 있는 동식물의 특성을 알아본다.)

- 열 개 가량의 수를 셀 수 있다.

  (자연탐구〉 수학적 탐구하기〉 수와 연산의 기초 개념 알아보기〉 열 개 가량의 구체물을 세워 보고 수량을 알아본다.)

### 활동자료

탁구공 20개, 10개 구멍의 계란판 2개, 암탉 그림이 붙은 바구니, 알을 낳는 동물 그림(개구리, 오리, 나비)과 새끼를 낳는 동물 그림(소, 강아지, 호랑이)이 있는 주사위, 숫자 주사위

[예] 다양한 주사위

**활동방법**

1. 암탉 그림이 그려진 바구니에 탁구공을 모두 담고, 주사위를 보여 주면서 이야기를 나눈다.

   "여기에 무엇이 있니?"

   "꼬끼오 암탉이 있구나."

   "여기에 암탉이 낳은 달걀이 있구나."

   "이 주사위에는 어떤 동물들이 있니?"

   "이 동물은 알을 낳을까? 아니면 새끼를 낳을까?"

2. 게임방법을 알려주고 게임을 시작한다.

   ① 계란판을 나누어 가진다.

   ② 동물 주사위를 던져서 알을 낳는 동물이 나오면 숫자 주사위를 던진다. 새끼를 낳는 동물이 나오면 기다린다.

   ③ 숫자 주사위에 나온 숫자만큼 계란판에 계란을 넣는다.

   ④ 계란판을 먼저 채우는 친구가 이긴다.

3. 자기 계란판의 계란을 세워서 누가 더 많은지 적은지를 알아본다.

**확장 활동**

• 계란을 꾸미는 미술활동을 해 본다.

# 16. 어떤 동물의 발자국일까요

| | | |
|---|---|---|
| **주제/소주제** 동식물과 자연/동물과 우리 생활, 궁금한 동식물 | **대상연령** | 만 4세 |

**활동목표**

• 동물의 발자국에 대해 알아본다.

　(자연탐구〉과학적 탐구하기〉생명체와 자연환경 알아보기〉관심 있는 동식물의 특성을 알아본다.)

• 동물의 발 모양에 대해 자신의 생각을 말한다.

　(의사소통〉말하기〉느낌, 생각, 경험 말하기〉자신의 느낌, 생각, 경험을 말한다.)

**활동자료**

동물 · 동물 발 · 동물 발자국 사진 또는 그림카드

[예] 고양이 · 닭의 발과 발자국 그림카드

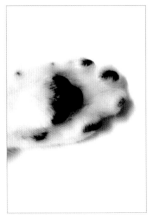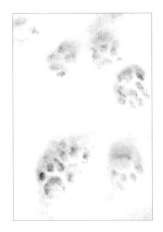

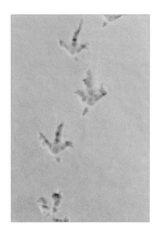

**활동방법**

1. 동물 사진이나 그림카드를 보면서 이야기를 나눈다.

   "이 동물의 이름은 무엇이니?"

   "발이 모두 몇 개니?"

   "발 모양이 어떻게 생겼니?"

2. 동물의 발자국 모양 그림카드를 보여 주고 어느 동물의 발자국일지 알아본다.

   "이 발자국은 누구의 발자국일까?"

   "왜 이 동물의 발자국이라고 생각했니?"

3. 동물과 발자국을 서로 연결해 본다.

**확장 활동**

• 동물 발자국 퍼즐 맞추기 활동을 해 본다.

**주의사항**

• 동물의 발을 관찰할 수 있는 기회를 제공한 후 활동을 실시하면 더욱 효과적이다.

# 17. 엄마를 찾아 주세요

| 주제/소주제 | 동식물과 자연/동물과 우리 생활, 궁금한 동식물 | 대상연령 | 만 4세 |
|---|---|---|---|

### 활동목표

- 동물에 대하여 관심을 가지며, 동물의 이름을 알 수 있다.

  (자연탐구〉과학적 탐구하기〉생명체와 자연환경 알아보기〉관심 있는 동식물의 특성을 알아본다.)

- 열 개 가량의 수를 셀 수 있다.

  (자연탐구〉수학적 탐구하기〉수와 연산의 기초 개념 알아보기〉열 개 가량의 구체물을 세워 보고 수량을 알아본다.)

### 활동자료

게임판, 공, 어미와 새끼(소-송아지, 개-강아지, 닭-병아리, 개구리-올챙이) 동물 그림자료

[예] 어미 동물과 새끼 동물

소

개

닭

개구리

송아지

강아지

병아리

올챙이

활동방법

1. 어미와 새끼 동물 그림자료를 보고 이야기를 나눈다.

    "이 동물의 이름은 무엇이니?"

    "어떻게 생겼니?"

    "어미와 새끼를 찾아보자."

2. 게임방법을 알려주고 활동을 한다.

    ① 게임판 1에서 각자 좋아하는 새끼 동물을 고른다.

       "어느 동물이 마음에 드니?"

       "좋아하는 새끼 동물을 골라 보자."

    ② 순서대로 게임판 2에 공을 굴려 공이 들어간 칸의 숫자를 읽고 그 숫자만큼 게임판 1에서 새끼
       동물을 움직인다.

    ③ 어미 동물에게 먼저 도착한 친구는 빙고라고 외친다.

▲ 게임판 1

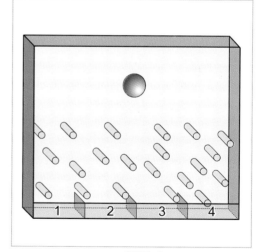

▲ 게임판 2

확장 활동

• 동물의 성장과정에 대해 알아본다.

# 18. 동물을 찾아요

| 주제/소주제 | 봄과 동식물/동물의 봄나들이 | 대상연령 | 만 5세 |

**활동목표**

- 동물에 대하여 관심을 가지며, 동물의 이름을 알 수 있다.

  (자연탐구〉 과학적 탐구하기〉 생명체와 자연환경 알아보기〉 관심 있는 동식물의 특성과 성장과정을 알아

  본다.)

- 위, 아래, 오른쪽, 왼쪽의 방향을 익힌다.

  (자연탐구〉 수학적 탐구하기〉 공간과 도형의 기초개념 알아보기〉 위치와 방향을 여러 가지 방법으로 나타

  내 본다.)

**활동자료**

게임판, 주사위 2개(숫자 주사위, 방향 주사위), 말 2개, 동물 그림카드 20장

[예] 동물 그림카드

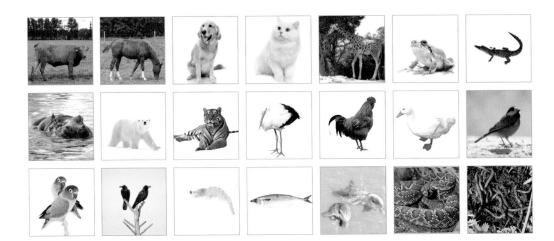

활동방법

1. 동물 그림카드를 보면서 차이점에 대해 알아본다.

   "이 동물들의 차이점은 무엇일까?"

   "땅에서 사는 동물도 있고 바다에서 사는 동물도 있고 하늘에서 날아다니는 동물도 있구나."

   "동물의 다리 개수는 어떠니?"

   "다리가 4개인 동물도 있고 2개인 동물도 있고 다리가 없는 동물도 있구나."

2. 숫자 주사위와 방향 주사위를 보고 이야기를 나눈다.

   "이 주사위에는 무엇이 있니?"

   "1, 2, 3, 4, 5, 6 숫자가 쓰여 있구나."

   "주사위를 던져서 위에 있는 숫자만큼 말을 움직여 보자."

   "이 주사위에는 무엇이라고 쓰여 있니?"

   "위, 아래, 왼쪽, 오른쪽, 꽝, 한 번 더라고 되어 있구나."

   "주사위를 던져서 위에 나온 글자를 보고 게임판에서 말을 움직이는 거야."

▲ 숫자 주사위    ▲ 방향 주사위

3. 게임규칙을 알려주고 게임을 시작한다.

| 게임방법 |

① 동물 그림카드를 게임판의 각 칸에 놓는다.

② 주사위 2개를 동시에 던져서 방향 주사위에 나온 방향으로 숫자 주사위에 나온 수만큼 말을 이동한다.

③ 말을 이동해서 해당하는 칸의 동물 그림카드를 갖는다.

④ 카드를 제일 많이 가진 사람이 이긴다.

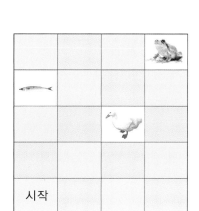

▲ 게임판

확장 활동

• 동물의 다리를 관찰하고 공통점과 차이점을 알아본다.

주의사항

• 위, 아래, 왼쪽, 오른쪽 공간을 이해하는 활동을 선행한다.

# 19. 동물의 뼈를 살펴보아요

| 주제/소주제 | 봄과 동식물/동물의 봄나들이 | 대상연령 | 만 5세 |
| --- | --- | --- | --- |

### 활동목표

- 동물의 뼈에 관심을 가진다.

  (자연탐구〉 과학적 탐구하기〉 생명체와 자연환경 알아보기〉 관심 있는 동식물의 특성과 성장과정을 알아
  본다.)

- 뼈가 하는 일을 말한다.

  (의사소통〉 말하기〉 느낌, 생각, 경험 말하기〉 주제를 정하여 함께 이야기를 나눈다.)

### 활동자료

깨끗이 씻어서 말린 동물 뼈(생선 뼈, 돼지등 뼈, 닭 뼈 등), 동물 뼈 그림자료와 동물 그림자료나 사진
자료

[예] 닭과 닭 뼈, 생선과 생선 뼈, 돼지와 돼지 등뼈, 소와 소 뼈 그림카드

**활동방법**

1. 깨끗이 씻어서 말린 동물 뼈를 보면서 이야기를 나눈다.

　"뼈가 어떻게 생겼니?"

　"큰 뼈도 있고 작은 뼈도 있구나."

　"가시처럼 작은 뼈도 있구나."

　"이 뼈는 어떤 동물의 뼈일까?"

2. 동물 뼈 그림자료와 동물 그림자료나 사진자료를 보면서 서로 연결해 본다.

　"이 뼈는 어느 동물의 뼈일까?"

　"닭 뼈와 생선 뼈는 어떻게 다르니?"

　"뼈는 어떤 일을 할까?"

3. 뼈가 없으면 어떻게 될지 이야기 나누고 뼈를 튼튼하게 하는 방법에 대해 알아본다.

　"뼈가 없으면 어떻게 될까?"

　"뼈를 튼튼하게 하려면 어떻게 해야 할까?"

**확장 활동**

• 뼈가 없는 동물에 대해 알아본다.

**주의사항**

• 뼈에 찔리지 않도록 유의한다.

# 20. 나의 몸에는 이름이 있어요

| 주제/소주제 | 나와 가족/나의 몸과 마음 | 대상연령 | 만 3세 |

### 활동목표

• 신체 부분의 기능에 관심을 가진다.

(자연탐구〉과학적 탐구하기〉생명체와 자연환경 알아보기〉나의 출생과 성장에 관심을 갖는다.)

• 신체 부분의 기능에 대해 말할 수 있다.

(의사소통〉말하기〉느낌, 생각, 경험 말하기〉자신의 느낌, 생각, 경험을 말해 본다.)

### 활동자료

신체 그림이 붙어 있는 주사위(눈, 코, 입, 손, 발, 다리), 글자카드(눈, 코, 입, 손, 발, 다리)

[예] 신체 그림 주사위, 글자카드

1. 활동 자료를 살펴본다.

　"여기에 무엇이 있니?"

　"주사위에 머리 그림이 있네, 어깨 그림도 있구나."

　"글자카드도 있네. 이것으로 무엇을 하는 걸까?"

2. 활동 방법을 알려주고 활동을 하게 한다.

　① 신체 그림카드가 붙은 주사위를 던진다.

　② 주사위에 나온 그림을 보고 자신의 신체 부위를 짚어 본다.

3. 신체의 각 부분마다 어떤 일을 하는지 이야기를 나눈다.

　"눈은 어떤 일을 하니?"

　"눈이 잘 보이지 않으면 어떤 불편한 점이 있을까?"

**확장 활동**

• 글자카드로 시작하는 낱말 제시하기 활동을 한다. 예를 들어, 눈을 제시하면 눈사람, 눈싸움 등을 제시한다.

**주의사항**

• 주사위를 던질 때 너무 높이 던지지 않는다.

# 21. 건강한 이

| 주제/소주제 | 나와 가족/나의 몸과 마음 | 대상연령 | 만 3~4세 |
|---|---|---|---|

### 활동목표

• 건강한 이에 관심을 갖는다.

  (자연탐구〉과학적 탐구하기〉생명체와 자연환경 알아보기〉나의 출생과 성장에 관심을 갖는다.)

• 이를 튼튼하게 하는 음식과 썩게 하는 음식을 안다.

  (신체운동·건강〉건강하게 생활하기〉바른 식생활하기〉몸에 좋은 음식에 관심을 갖는다.)

### 활동자료

음식 그림카드(아이스크림, 사탕, 콜라, 케이크, 멸치, 우유, 달걀, 시금치, 당근, 김) 썩은 이 상자, 건강한 이 상자

[예] 썩은 이 상자, 건강한 이 상자 ▶

[예] 음식 그림카드 ▼

이에 나쁜 음식

이에 좋은 음식

1. 유아가 좋아하는 음식이 무엇인지 알아본다.

   "○○는 어떤 음식을 좋아하니?"

   "그 음식을 좋아하는 이유는 무엇이니?"

   "▲▲는 아이스크림을 좋아하는구나."

   "왜 아이스크림이 좋니?"

2. 음식 그림카드를 보고 이에 좋은 음식은 건강한 이 상자에 넣고, 이에 좋지 않은 음식은 건강한
   이 상자에 넣어 보게 하면서 그 이유에 대해 이야기를 하게 한다.

   "여기에 음식 그림카드가 있네."

   "어떤 음식들이 있니?"

   "여기 음식 중에는 이에 좋은 음식도 있지만 이에 좋지 않은 음식도 있구나."

   "이에 좋은 음식은 건강한 이 상자에 넣어 주고 그 이유를 이야기해 보고, 이에 좋지 않은 음식은
   썩은 이 상자에 넣어 주고 그 이유를 이야기해 보자."

3. 이를 썩지 않고 건강하게 하려면 어떻게 해야 할지 이야기를 나눈다.

   "이를 썩지 않고 건강하게 하려면 어떻게 해야 할까?"

   "음식을 먹고 이를 닦아야 하는구나. 또 어떻게 하면 좋을까?"

   "이를 건강하게 하는 음식을 먹어야 하겠구나."

**확장 활동**

• 이를 닦는 바른 방법에 대해 알아본다.

# 22. 키를 재어 보아요

| 주제/소주제 | 나와 가족/나의 몸과 마음 | 대상연령 | 만 3~4세 |
|---|---|---|---|

 활동목표

- 사람의 몸이 성장하는 것에 관심을 갖는다.

  (자연탐구〉 과학적 탐구하기〉 생명체와 자연환경 알아보기〉 나의 출생과 성장에 관심을 갖는다.)
- 길이를 비교할 수 있다.

  (자연탐구〉 수학적 탐구하기〉 기초적인 측정하기〉 일상생활에서 길이, 크기, 무게 등을 비교해 본다.)

활동자료

가족 사진, 전지에 그려진 가족 그림, 종이벽돌 블록, 스펀지 블록, 우레탄 블록

[예] 가족

활동방법

1. 가족사진을 보고 누가 가장 키가 크고 작은지 이야기를 나눈다.

"우리 가족 중에 가장 키가 큰 사람은 누굴까?"

"우리 가족 중에 가장 작은 사람은 누굴까?"

2. 전지에 그려진 가족 그림을 보고 누가 가장 크고 작은지 알아보는 방법에 대해 알아본다.

"여기 있는 가족 중에 누가 가장 크니?"

"우리 가족 중에 누가 가장 작니?"

"가족들의 키를 여러 가지 블록으로 재어 보자."

3. 여러 가지 블록으로 재워 본 개수를 표에 적어 본다.

|  | 종이벽돌 블록 | 스펀지 블록 | 우레탄 블록 |
|---|---|---|---|
| 아버지 |  |  |  |
| 어머니 |  |  |  |
| 아들 |  |  |  |
| 딸 |  |  |  |

확장 활동

• 물건을 키 순서대로 놓아 본다.

주의사항

• 동일한 블록을 충분히 준비한다.

# 23. 신기한 몸속 여행

| 주제/소주제 | 소중한 가족/소중한 나 | 대상연령 | 만 5세 |
|---|---|---|---|

### 활동목표

- 몸속의 소화기관에 호기심을 갖는다.

  (자연탐구〉탐구하는 태도 기르기〉호기심을 유지하고 확장하기〉주변 사물과 자연세계에 대해 지속적으로 호기심을 깆고 알고사 한다.)

- 적당량의 음식을 먹는다.

  (신체운동 · 건강〉건강하게 생활하기〉바른 식생활하기〉적당량의 음식을 골고루 먹는다.)

### 활동자료

몸속 소화기관 교구, 음식 그림자료(김치, 된장국, 김, 달걀후라이, 호박무침, 불고기 등)

[예] 소화기관 그림 ▼          [예] 음식 그림카드 ▼

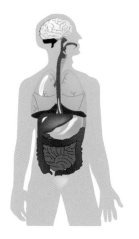

**활동방법**

1. 몸속 소화기관 자료를 탐색한다.

"이것이 무엇일까?"

"우리 몸 안에는 음식을 먹으면 소화되도록 도와주는 기관들이 있단다."

2. 음식이 입에 들어가서 몸 안의 소화기관에 들어가는 모습을 우리 몸 소화기관 교구에 음식물을 붙여 가면서 이야기를 나눈다.

"우리가 음식을 입으로 먹으면 어디로 갈까?"

"이렇게 길다란 식도로 내려가서 위 주머니에 들어간단다."

"꼭꼭 씹어야 위가 덜 힘들어한단다."

"위도 위아래로 열심히 움직여서 음식을 잘게 부수고 작은 창자, 큰 창자로 내려가도록 해 준단다."

"우리 몸에 좋은 영양소가 음식물을 통해 들어가고 남은 필요없는 것은 소변이나 대변으로 나오게 된단다."

3. 음식물이 잘 소화되는 방법에 대해 알아본다.

"음식물이 소화가 잘 되게 하려면 어떻게 해야 할까?"

"음식을 꼭꼭 씹어 먹어요."

"음식물을 너무 많이 먹지 않아요."

**확장 활동**

• 우리 몸에서 나는 소리를 알아본다.

• 똥이 나오는 과정을 알아본다.

**주의사항**

• 우리 몸의 소화기관을 사진자료나 인터넷 자료를 통해 탐색할 수 있도록 한다.

# 24. 키가 컸어요

| 주제/소주제 | 형님이 되어요/많이 컸어요 | 대상연령 | 만 3~4세 |
|---|---|---|---|

### 활동목표

- 키에 관심을 갖는다.

  (자연탐구〉과학적 탐구하기〉생명체와 자연환경 알아보기〉나의 출생과 성장에 대해 관심을 갖는다.)

- 키의 길이를 비교한다.

  (자연탐구〉수학적 탐구하기〉기초적인 측정하기〉두 물체의 길이, 크기를 비교해 본다.)

### 활동자료

아기 때 입었던 바지와 지금 입는 바지, 그래프

[예] 지금 입는 바지

[예] 아기 때 입던 바지

[예] 아기 때 입은 옷과 지금 옷의 비교 막대 그래프

| 5 | | | | | |
|---|---|---|---|---|---|
| 4 | | | | | |
| 3 | | | | | |
| 2 | | | | | |
| 1 | | | | | |
| | 백승일 | 김성민 | 김준석 | 최재혁 | 백지현 |

**활동방법**

1. 아기 때 입었던 옷과 지금 입는 옷을 비교해 본다.

　"내가 어렸을 때 입었던 옷과 지금 입는 옷은 어떻게 다르니?"

　"바지 길이를 대 보자. 지금 입는 옷과 어렸을 때 입은 옷하고 얼마나 차이가 나니?"

2. 아기 때 입었던 옷과 지금 옷의 길이 차이를 리본테이프로 재어서 그래프에 붙여 본다.

　"어렸을 때 옷과 지금 옷의 길이 차이를 리본테이프로 재어서 그래프에 붙여 보자."

　"바지 길이에서 가장 차이가 많이 나는 친구는 누구니?"

　"바지 길이에서 가장 차이가 적게 나는 친구는 누구니?"

**확장 활동**

• 크기 순서대로 옷이나 신발 등을 놓아 본다.

# 25. 나의 몸

| 주제/소주제 | 나와 가족/나의 몸과 마음 | 대상연령 | 만 3세 |
|---|---|---|---|

### 활동목표

• 나의 몸에 관심을 갖는다.

(자연탐구〉과학적 탐구하기〉생명체와 자연환경 알아보기〉나의 출생과 성장에 대해 관심을 갖는다.)

• 신체 각 부분의 명칭을 안다.

(신체운동 · 건강〉신체 인식하기〉신체를 인식하고 움직이기〉신체 각 부분의 명칭을 알고 움직임에 관심을 갖는다.)

### 활동자료

신체 각 부분 그림자료, 옷

### 활동방법

1. 우리 몸을 탐색한다.

"손을 움직여 보자."

"손으로 무엇을 할 수 있니?"

"다리를 만져 보자."

"다리는 무엇을 할 수 있니?"

2. 인형 신체 각 부분의 단추를 잠구어 완성한 후 인형에 옷을 입힌다.

"인형의 손은 어디에 있니?"

"인형의 다리는 어디에 있니?"

3. 노래 〈여기저기〉에 신체의 각 부분의 이름을 넣어 부르면서 신체 각 부분을 짚어 본다.

"손은 어디 있나?" 여기

"발은 어디 있나?" 여기

"귀는 어디 있나?" 여기

"턱은 어디 있을까?" 여기

**확장 활동**

• 손바닥, 발바닥 찍기 미술활동을 해 본다.

▲ 손바닥 찍기 활동

# 26. 이를 닦아요

| 주제/소주제 | 나와 가족/소중한 나 | 대상연령 | 만 5세 |

### 활동목표

• 이를 깨끗하게 하는 방법에 대해 알아본다.

　(자연탐구〉과학적 탐구하기〉생명체와 자연환경 알아보기〉나와 다른 사람의 출생과 성장에 대해 알아
　본다.)

• 이에 좋은 음식과 좋지 않은 음식에 대해 말한다.

　(의사소통〉말하기〉느낌, 생각, 경험 말하기〉자신의 느낌, 생각, 경험을 적절한 낱말과 문장으로 말한다.)

### 활동자료

이를 닦지 않아서 충치가 생긴 치아 그림자료, 활동판, 이에 좋은 음식과 이에 좋지 않은 음식 그림
카드

[예] 이에 좋은 음식

| 계란 | 생선 | 우유 | 멸치 | 쇠고기 |

[예] 이에 좋지 않은 음식

|  |  |  |  |  |
|---|---|---|---|---|
| 사탕 | 아이스크림 | 초콜릿 | 케이크 | 콜라 |

**활동방법**

1. 이가 깨끗한지 이야기를 나누고 이를 닦지 않아서 충치가 생긴 치아 그림 자료를 보여 주면서 이를 닦아야 하는 이유에 대해 알아본다.

   "식사 후에 이를 깨끗이 닦았니?"

   "이를 깨끗이 닦으면 기분이 어떠니?"

   "언제 이를 닦아야 하니?"

   "이를 깨끗이 닦지 않으면 어떻게 될까?"

   "충치가 생기면 음식을 잘 먹을 수 있을까?"

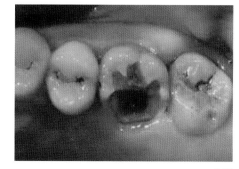

▲ 충치

2. 활동 방법을 알려주고 활동을 시작한다.

   ① 활동판의 이를 모두 검은색으로 붙인다.

   ② 돌림판을 돌려 이를 닦는 그림이 나오거나 이에 좋은 음식이 나오면 흰색으로 돌려 붙인다.

   ③ 활동판의 이 모양이 모두 흰색이 되면 게임이 끝난다.

3. 이에 좋은 음식과 이에 좋지 않은 음식을 구분한 후 이에 좋은 음식을 먹고 있는지 이야기를 나눈다.

   "이에 좋은 음식은 어떤 것들이 있니?"

   "오늘 이에 좋은 음식 중 어떤 음식을 먹었니?"

**확장 활동**

• 이를 닦는 방법에 대해 이야기를 나눈다.

# 27. 나의 X-Ray

| 주제/소주제 | 소중한 가족/소중한 나 | 대상연령 | 만 5세 |
|---|---|---|---|

### 활동목표

- 몸 속의 뼈에 대해 알아본다.

  (자연탐구〉 과학적 탐구하기〉 생명체와 자연환경 알아보기〉 나와 다른 사람의 출생과 성장에 대해 알아본다.)

- 뼈가 하는 역할을 말할 수 있다.

  (의사소통〉 말하기〉 느낌, 생각, 경험 말하기〉 자신의 느낌, 생각, 경험을 적절한 낱말과 문장으로 말한다.)

### 활동자료

우리 몸의 여러 가지 뼈 그림자료, 몸 안의 뼈 모양이 그려진 옷 교구

[예] 우리 몸과 뼈

[예] 옷 교구

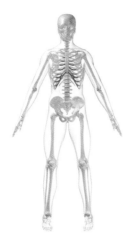

## 활동방법

1. 우리 몸의 뼈 그림자료를 보면서 이야기를 나눈다.

   "우리 몸에는 어떤 뼈들이 있니?"

   "제일 큰 뼈는 어디에 있니?"

2. 뼈 모양이 그려진 옷을 입고 움직여 본다.

   "뼈가 어떻게 움직이는 것 같니?"

   "걸어다닐 때 다리 뼈는 어떻게 움직일까?"

   "물건을 집을 때 손가락 뼈는 어떻게 움직일까?"

3. 뼈의 소중함에 대해 이야기를 나눈다.

   "만약 뼈가 없다면 어떻게 될까?"

   "뼈는 우리가 서서 걸어다니고 물건을 집을 수 있게 한단다."

## 확장 활동

• 뼈가 없으면 어떻게 될지 신체표현을 해 본다.

# 28. 맨발로 느껴요

| 주제/소주제 | 나와 가족/나의 몸과 마음 | 대상연령 | 만 3세 |
|---|---|---|---|

### 활동목표

• 발이 하는 일을 알고 발에 관심을 갖는다.

(자연탐구〉 과학적 탐구하기〉 생명체와 자연환경 알아보기〉 나의 출생과 성장에 대해 관심을 갖는다.)

• 맨발로 촉감을 구분할 수 있다.

(신체운동 · 건강〉 신체 인식하기〉 감각능력 기르고 활용하기〉 감각적 차이를 구분한다.)

### 활동자료

바닥에 사포, 스팽글, 수건(천), 사포, 콩, 병뚜껑, 솜이 붙은 우레탄 신발

[예] 다양한 촉감 재료 신발

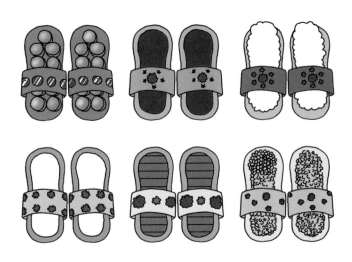

1. 발에 대해 이야기를 나눈다.

    "발은 어떤 일을 하니?"

    "발을 보호하려면 어떻게 해야 할까?"

2. 바닥에 다양한 촉감 재료가 붙은 신발을 신고 신발을 신은 느낌을 이야기한다.

    "어떤 신발이 가장 푹신하니?"

    "콩이 붙은 신발은 느낌이 어떠니?"

    "수건이 붙은 신발은 느낌이 어떠니?"

    "어떤 신발이 가장 마음에 드니?"

확장 활동

• 신발가게 역할놀이를 해 본다.

주의사항

• 신발을 신고 미끄러지지 않도록 주의한다.

## 29. 어떤 것이 더 무거울까요

| 주제/소주제 | 우리 동네/우리 동네 모습, 우리 동네 생활 | 대상연령 | 만 4세 |
| --- | --- | --- | --- |

**활동목표**

• 다양한 물건의 무게를 비교해 본다.

(자연탐구〉수학적 탐구하기〉기초적인 측정하기〉일상생활에서 길이, 크기, 무게 등을 비교해 본다.)

• 저울의 쓰임새를 알고 활용한다.

(자연탐구〉과학적 탐구하기〉간단한 도구와 기계 활용하기〉생활 속에서 간단한 도구와 기계를 활용한다.)

**활동자료**

다양한 저울 그림자료(양팔저울, 전자저울, 접시저울), 양팔저울, 주변의 무게를 측정할 수 있는 다양한 종류의 물건(예: 인형, 색연필, 가위, 블록 등), 비교표

[예] 저울을 활용한 활동

1. 다양한 종류의 저울 그림 자료를 보고 저울을 본 적이 있는지 이야기를 나눈다.

    "이것은 무엇일까?"

    "이것을 우리 동네에서 본 적이 있니?"

    "어디에서 보았니?"

    "슈퍼에도 있고 정육점에도 있구나." "야채 가게에도 있네."

    "목욕탕에도 있고 병원에도 있구나."

    "이것의 이름은 무엇일까?"

2. 양팔저울을 이용하여 물건의 무게를 비교해 본다.

    "레고블록하고 인형 중에 어느 것이 더 무거울까?"

    "양팔저울에 올려 보자. 어느 것이 내려갔니?" "인형이 내려갔구나."

    "레고블록보다 인형이 더 무겁구나." "레고블록이 인형보다 가볍구나."

    "다음에는 인형하고 색연필을 비교해 보자."

3. 비교표의 물건을 순서대로 양팔저울에 올려놓고 결과를 기록한다.

| 물건 | ○○이 ▲▲보다 더 무겁다 | ○○와 ▲▲의 무게가 똑같다 | ○○이 ▲▲보다 더 가볍다 |
|---|---|---|---|
| 인형과 색연필 | | | |
| 인형과 블록 | | | |
| 인형과 가위 | | | |
| 색연필과 블록 | | | |
| 색연필과 가위 | | | |
| 블록과 가위 | | | |

• 저울을 이용한 슈퍼가게 놀이를 해 본다.

• 양팔저울의 중심이 잘 맞는지 확인한다.

# 30. 어떤 채소일까요

| 주제/소주제 | 우리 동네/우리 동네 생활 | 대상연령 | 만 3세 |
|---|---|---|---|

### 활동목표

- 채소의 이름과 특성에 관심을 가진다.

  (자연탐구〉과학적 탐구하기〉생명체와 자연환경 알아보기〉주변의 동식물에 관심을 가진다.)

- 채소의 이름을 말하고 채소 글씨를 읽을 수 있다.

  (의사소통〉읽기〉읽기에 흥미 가지기〉주변에서 친숙한 글자를 찾아본다.)

### 활동자료

촉감상자, 다양한 채소(가지, 고추, 양파, 오이, 토마토 등) 그림카드와 글자카드 퍼즐

[예] 다양한 채소 퍼즐

**활동방법**

1. 동네 채소가게를 방문한 후 채소가게에서 파는 채소의 종류에 대해 이야기를 나눈다.

    "채소가게에 어떤 채소들이 있었니?"

    "○○가 좋아하는 채소는 어떤 것이니?"

2. 촉감상자를 보여 주고 활동 방법을 알려 준다.

    "이것은 무엇일까?" "촉감상자구나."

    "너희들이 채소가게에서 보았던 여러 가지 채소가 이 안에 들어 있단다."

    "촉감상자에 손을 넣어서 어떤 채소인지 말을 하고 채소를 꺼내어 확인하면 된단다."

    "한 명씩 나와서 촉감상자의 채소의 이름을 말한 후 꺼내어 맞는지 확인해 보자."

3. 채소 그림카드와 채소 글자카드를 서로 연결하여 퍼즐을 완성한다.

    "여기 채소 퍼즐을 완성해 보자." "어떤 채소이니? 이름을 읽어 보자."

**확장 활동**

• 채소 찍기 미술활동을 해 본다.

**주의사항**

• 촉감상자에 잘 씻어서 물기를 제거한 채소를 넣는다.

# 31. 여름 꽃과 과일이에요

| 주제/소주제 | 여름/여름 꽃과 과일 | 대상연령 | 만 3세 |
|---|---|---|---|

### 활동목표

• 여름 꽃과 과일에 관심을 갖는다.

  (자연탐구〉 과학적 탐구하기〉 생명체와 자연환경 알아보기〉 주변의 동식물에 관심을 가진다.)

• 여름 꽃과 과일의 이름과 특성에 대해 생각을 말한다.

  (의사소통〉 말하기〉 느낌, 생각, 경험 말하기〉 자신의 느낌, 생각, 경험을 말해 본다.)

### 활동자료

여름 꽃 그림카드(해바라기, 장미, 무궁화)와 여름 과일 그림카드(수박, 참외, 자두), 여름 꽃과 과일 그림이 붙은 주사위, 여름 꽃(해바라기, 장미, 무궁화)과 여름 과일(수박, 참외, 자두)의 퍼즐

[예] 여름 꽃 그림 카드

[예] 여름 과일 그림 카드

활동방법

1. 여름 꽃과 여름 과일 그림카드를 보면서 이야기를 나눈다.

"여름에 볼 수 있는 꽃은 어떤 것들이 있니?"

"여름에 볼 수 있는 과일은 어떤 것들이 있니?"

"이 꽃의 이름은 무엇이니?"

"이 꽃은 어떻게 생겼니?"

"이 과일의 이름은 무엇이니?"

"이 과일의 맛은 어떠니?"

2. 여름 꽃과 여름 과일 그림이 붙어 있는 주사위를 보여 주고 바닥에 여름 꽃과 여름 과일 그림카드를 놓는다.

"주사위에 어떤 그림들이 있니?"

"여름 꽃과 여름 과일 그림들이 주사위에 있구나."

"바닥에 주사위에 있는 그림이 그려진 그림카드가 놓여 있단다."

"주사위를 던져서 나온 그림과 같은 그림카드를 찾는 거란다."

3. 여름 꽃(해바라기, 장미, 무궁화)과 여름 과일(수박, 참외, 자두)의 퍼즐을 맞춰 본다.

"퍼즐을 맞추어 보자. 무엇이 되었니?"

[예] 장미 꽃 퍼즐

확장 활동

• 여름 과일과 여름 꽃의 수를 세워 본다.

# 32. 물에 뜨는 것과 가라앉는 것

| 주제/소주제 | 여름/여름의 날씨와 물놀이 | 대상연령 | 만 3세 |
|---|---|---|---|

### 활동목표

- 물에 뜨는 것과 가라앉는 것에 관심을 갖는다.

    (자연탐구〉과학적 탐구하기〉물체와 물질 알아보기〉친숙한 물체와 물질의 특성에 관심을 갖는다.)

- 물에 뜨는 것과 가라앉는 것의 특성을 말한다.

    (의사소통〉말하기〉낱말과 문장으로 말하기〉일상생활에서 일어나는 일들을 간단한 문장으로 말한다.)

### 활동자료

다양한 일상용품(플라스틱 레고 블록, 나무젓가락, 색종이, 동전, 고무공, 쇠구슬 등), 물에 뜨는 것과 물에 가라앉는 것 이름표가 붙은 바구니 2개, 투명한 플라스틱 물통

### 활동방법

1. 다양한 일상용품을 보면서 물에 뜨는 것과 물에 가라앉는 것으로 구분해 본다.

    "어떤 물건들이 있니?"

    "이 중에 물에 뜨는 것은 어떤 것일까?"

    "왜 이 물건이 물에 뜬다고 생각하니?"

    "물에 가라앉는 것은 어떤 것들일까?"

    "왜 이 물건이 물에 가라앉는다고 생각하니?"

2. 플라스틱 물통에 다양한 일상용품을 하나씩 넣고 관찰한다.

    "먼저 무엇을 넣어 볼까?"

    "레고블록은 물에 가라앉는다고 생각했는데 정말 가라앉는지 보자."

"어떻게 되었니?"

"레고블록이 물에 뜨는구나. 왜 우리 생각이랑 다른 것 같니?"

3. 물에 뜨는 것과 가라앉는 것 바구니 2개에 각각의 물건을 넣은 후 물에 뜨는 물건의 공통점과 물
　에 가라앉는 물건의 공통점을 알아본다.

　"물에 뜨는 물건에는 어떤 것들이 있니?"

　"물에 뜨는 물건들의 공통점은 무엇일까?"

　"물에 가라앉는 물건에는 어떤 것들이 있니?"

　"물에 가라앉는 물건들의 공통점은 무엇일까?"

**확장 활동**

• 재활용품을 이용해서 물에 뜨는 배를 만들어 본다.

**주의사항**

• 물에 뜨는 것과 가라앉는 것 실험을 할 때 재료를 탐색할 수 있는 충분한 시간을 제공한다.

# 33. 해바라기가 쑥쑥

| 주제/소주제 | 여름/여름 꽃과 과일 | 대상연령 | 만 3세 |

### 활동목표

• 꽃이 커 가는 과정에 관심을 가진다.

  (자연탐구〉 과학적 탐구하기〉 생명체와 자연환경 알아보기〉 주변의 동식물에 관심을 가진다.)

• 꽃의 길이를 비교할 수 있다.

  (자연탐구〉 수학적 탐구하기〉 기초적인 측정하기〉 두 물체의 길이, 크기를 비교해 본다.)

### 활동자료

해바라기 씨, 해바라기 꽃 그림자료나 사진자료, 실로 꿰어서 포개놓은 종이컵 해바라기 교구, 확대경

[예] 종이컵 해바라기 교구

  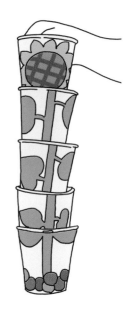

활동방법

1. 해바라기 꽃 그림 자료나 사진 자료를 보면서 해바라기 꽃에 대해 이야기를 나눈다.

"여름에 바깥에서 해바라기 꽃을 본 적 있니?"

"해바라기는 어떻게 생겼니?"

2. 확대경을 들고 해바라기 씨를 관찰한다.

"해바라기 씨를 보자, 어떻게 생겼니?"

"크기는 어떠니?"

"색깔은 무슨 색이니?"

"무슨 냄새가 나니?"

"해바라기는 여름이 지나면 시들어서 죽는데 해바라기 씨가 둥근 꽃 속에 들어 있다가 떨어져서 나중에 여름이 되면 다시 해바라기로 쑥쑥 자란단다."

3. 해바라기 교구를 보여 주면서 해바라기가 성장하는 데 햇빛, 물, 양분이 필요함을 알려준다.

"해바라기 씨를 심으면 처음에 싹이 나서 햇빛을 받고 양분을 먹으면 키가 쑥쑥 자란단다."

"해바라기 키가 한 칸, 두 칸 더 커졌네."

"아까보다 해바라기가 얼마나 커졌니?"

확장 활동

• 여름에 볼 수 있는 꽃에 대해 알아본다.
• 반 고흐의 〈해바라기〉 그림을 감상한다.

빈센트 반 고흐(Vincent Van Gogh), 해바라기 ▶

# 34. 우리를 시원하게 해 주는 기계

| 주제/소주제 | 신나는 여름/건강한 여름나기 | 대상연령 | 만 5세 |
| --- | --- | --- | --- |

### 활동목표

• 시원하게 해 주는 기계에 관심을 가지고 활용한다.

　(자연탐구〉과학적 탐구하기〉간단한 도구와 기계 활용하기〉생활 속에서 간단한 도구와 기계를 활용한다.)

• 규칙에 따라 게임을 할 수 있다.

　(사회관계〉다른 사람과 더불어 생활하기〉사회적 가치를 알고 지키기〉다른 사람과 한 약속이나 공공규칙
　을 지킨다.)

### 활동자료

시원하게 해 주는 기계 그림자료나 사진자료(선풍기, 에어컨, 냉장고), 게임 판, 말 2~4개, 흔들 주
사위, 돌림판

[예] 시원하게 해 주는 기계 그림카드

**활동방법**

1. 시원하게 해 주는 기계 그림자료나 사진자료를 보면서 여름에 우리를 시원하게 해 주는 기계에 대해 알아본다.

"더운 여름철에 시원하게 해 주는 기계는 무엇이 있니?"

"냉장고, 에어컨, 선풍기가 있구나."

"어떤 게 제일 시원하니?"

2. 게임방법을 알려 주고 게임을 시작한다.

① 가위, 바위, 보를 해서 순서를 정하고, 누가 어떤 말을 쓸지 정한다.

② 출발점에 말을 놓고, 돌림판의 화살표를 돌린다. 이때 시원하게 해 주는 기계 그림(선풍기, 에어컨, 냉장고)이 나오면 주사위를 흔들 수 있지만 난로, 전기장판 등의 따뜻하게 해 주는 기계 그림이 나오면 주사위를 흔들 수 없다.

③ 주사위를 흔들어 나온 숫자만큼 말을 움직인다(하얀 별이 나오면 2번 흔들고, 검은 별이 나오면 한 번 쉰다.)

④ 게임판에서 시원하게 해 주는 그림이 나오면 화살표를 따라 지름길로 갈 수 있다.

⑤ 도착까지 먼저 간 유아가 이긴다.

3. 게임을 끝낸 후 시원하게 해 주는 기계를 사용할 때의 유의점에 대해 이야기를 나눈다.

"시원하게 해 주는 기계들을 사용할 때 조심해야 할 점은 무엇일까?"

"그래, 너무 오랫동안 사용하지 않고 중간중간 쉬어 주어야 기계가 힘들어하지 않고 전기도 절약할 수 있지."

"콘센트에 전기 코드를 꽂을 때 물이 묻은 손으로 꽂지 않아야 해."

"다 사용하고 난 후에는 전기 코드를 뽑아야 한단다."

**확장 활동**

• 부채 만들기 활동을 해 본다.

# 35. 땀은 어디서 날까요

| 주제/소주제 | 신나는 여름/건강한 여름나기 | 대상연령 | 만 5세 |
|---|---|---|---|

### 활동목표

• 땀구멍을 통해 땀이 나온다는 것을 안다.

  (자연탐구〉과학적 탐구하기〉생명체와 자연환경 알아보기〉나와 다른 사람의 출생과 성장에 대해 알아

  본다.)

• 땀을 흘리고 난 후에는 몸을 깨끗이 해야 한다는 것을 안다.

  (신체운동 · 건강〉건강하게 생활하기〉몸과 주변을 깨끗이 하기〉스스로 몸을 깨끗이 하는 습관을 기른다.)

### 활동자료

확대경, 땀이 흐르는 사진이나 그림자료

[예] 땀구멍과 확대경

활동방법

1. 땀에 대해 이야기를 나눈다.

   "땀은 어디에서 나오는 것일까?" "땀은 왜 나는 것일까?"

   "땀이 나면 어떻게 하는 것이 좋을까?"

2. 확대경으로 신체 여러 부위의 땀구멍을 관찰해 본다.

   "땀이 어디에서 나는지 확대경으로 들여다보자."

   "땀구멍이 어떻게 생겼니?"

   "땀구멍이 신체 부위마다 다르게 생겼니?"

3. 땀을 흘린 후 어떻게 해야 할지 이야기한다.

   "땀을 흘린 후에는 몸을 깨끗이 씻어야 한단다."

   "젖은 옷도 갈아입어야 해."

   "땀을 흘리고 갈아입지 않고 씻지 않으면 안 좋은 냄새가 나는구나."

확장 활동

• 여름을 시원하게 보내는 방법에 대해 알아본다.

주의사항

• 돌아다니지 않고 자리에 앉아서 확대경으로 땀구멍을 관찰하게 한다.

# 36. 물 돋보기로 관찰해요

| 주제/소주제 | 신나는 여름/즐거운 물놀이1 | 대상연령 | 만 5세 |

### 활동목표

- 물 돋보기를 이용해서 사물을 관찰한다.

  (자연탐구〉과학적 탐구하기〉간단한 도구와 기계 활용하기〉생활 속에서 간단한 도구와 기계를 활용한다.)

- 사물을 자세히 관찰하는 태도를 기른다.

  (사회관계〉다른 사람과 더불어 생활하기〉사회적 가치를 알고 지키기〉다른 사람과 한 약속이나 공공규칙을 지킨다.)

### 활동자료

지름 10㎝ 정도의 유리병 2개, 투명 랩, 돋보기, 프리즘, 연필이나 그림카드, 레고블록 장난감 등 각각 동일한 것 2개

### 활동방법

1. 두 개의 유리병에 관찰하고 싶은 물건을 각각 하나씩 넣는다.

   "2개의 유리병에 자세히 보고 싶은 동일한 물건을 각각 하나씩 넣어 보자."

2. 동일한 사물을 유리병 속에 넣고 랩을 씌운 다음, 느슨하게 랩이 씌어진 한 개의 유리병 랩 위에 물을 약간 부어서 물 돋보기를 만든다.

   "물 돋보기 유리병과 랩만 씌운 유리병 속의 물건 중 어느 쪽이 더 커 보일까?"

   "물 돋보기 유리병과 랩만 씌운 유리병 속의 물건, 둘 다 똑같이 보일까?"

3. 두 개의 유리병 속의 물건을 넣고 크기를 비교해 본다.

"두 개의 유리병 속의 물건을 위에서 봤을 때 크기가 어떨까?"

"똑같구나."

"물 돋보기 유리병의 물건이 더 크게 보이는구나."

• 돋보기 만들기 미술활동을 해 본다.

• 돋보기에 상처가 생기지 않도록 주의한다.

# 37. 물의 증발

| 주제/소주제 | 신나는 여름/즐거운 물놀이1 | 대상연령 | 만 5세 |

### 활동목표

- 물이 증발한다는 것을 안다.

  (자연탐구〉과학적 탐구하기〉간단한 도구와 기계 활용하기〉생활 속에서 간단한 도구와 기계를 활용한다.)

- 사물을 자세히 관찰하는 태도를 기른다.

  (사회관계〉다른 사람과 더불어 생활하기〉사회적 가치를 알고 지키기〉다른 사람과 한 약속이나 공공규칙을 지킨다.)

### 활동자료

약간 오목한 접시 2개, 투명한 랩 약간, 측정컵이나 측정컵을 대신할 수 있는 컵

### 활동방법

1. 빨래가 마르는 이유에 대해 이야기를 나눈다.

   "빨래가 마르는 것을 본 적 있니?"

   "어떻게 하면 축축한 옷이 마르게 될까?"

2. 물 증발 실험을 한다.

| 실험방법 |

① 약간 오목한 접시 2개에 같은 양의 물을 붓는다.

② 한쪽 접시의 위를 투명한 랩으로 덮는다.

③ 햇빛이 잘 드는 창가에 두 개의 접시를 나란히 놓는다.

④ 이틀 정도 지난 후에 두 접시에 남아 있는 물의 양을 비교해 본다.

3. 이틀 정도 지난 후에 두 접시에 남아 있는 물의 양을 비교해 본다.

　"어느 접시의 물이 더 많니?"

　"왜 투명랩을 씌우지 않은 접시의 물이 더 적어졌을까?"

확장 활동

• 안개그림 그리기 미술활동을 한다.

• 물이 끓을 때 수증기가 증발하는 것을 관찰한다.

주의사항

• 접시에 물을 증발하는 시간이 길어지면 유아가 흥미를 잃을 수 있으므로 주의한다.

## 38. 물에 섞어 봐요

| 주제/소주제 | 신나는 여름/건강한 여름나기 | | 대상연령 | 만 5세 |

### 활동목표

• 물에 여러 가지 가루가 섞이는지 알아본다.

 (자연탐구〉과학적 탐구하기〉물체와 물질 알아보기〉물체와 물질을 여러 가지 방법으로 변화시켜 본다.)

• 물에 가루가 섞이는 정도를 예상해 본다.

 (자연탐구〉과학적 탐구하기〉탐구기술 활용하기〉일상생활의 문제를 해결하는 과정에서 탐색, 관찰, 비교, 예측 등의 탐구기술을 활용해 본다.)

### 활동자료

물이 든 큰 컵(투명한 것), 이유식 병(낮고 투명한 것) 4개, 설탕, 밀가루, 기름, 가루비누, 나무젓가락, 쟁반, 예상판과 결과판

[예] 예상판과 결과판

| | 물에 잘 섞여요 | 물에 잘 섞이지 않아요 |
|---|---|---|
| 설탕 | | |
| 밀가루 | | |
| 기름 | | |
| 가루비누 | | |

1. 활동 자료를 보여 주고 탐색하게 한다.

　　"여기에 무엇이 있니?"

　　"물도 있고 설탕, 밀가루, 기름, 가루비누가 있구나."

　　"색깔은 어떠니?"

　　"어떤 냄새가 나니?"

2. 물에 어느 것이 잘 섞이는지 예상해 본다.

　　"설탕, 밀가루, 기름, 가루비누를 물에 섞으면 어느 것이 잘 섞일까?"

　　"예상판에 기록해 보자."

3. 준비된 가루를 각각의 컵에 넣고 저으면
　서 녹는 과정을 관찰하고 결과판에 기록
　한다.

　　"물에 잘 섞인 것은 무엇이니?"

　　"기름은 어떻게 되었니?"

　　"가루비누에서는 무엇이 생겼지?"

　　"밀가루를 섞은 것은 색깔이 어떻게
　　변했니?"

4. 예상판과 결과판을 비교해 본다.

　　"기름이 물에 잘 섞일 거라고 예상했는데 예상한 것과 달리 잘 섞이지 않았구나."

　　"설탕은 물에 잘 섞일 거라고 예상했는데 예상한 대로 잘 섞이는구나."

• 비누방울 찍기 미술활동을 한다.

• 컵에 든 물을 먹지 않도록 주의한다.

**39. 바람의 세기**

| 주제/소주제 | 신나는 여름/건강한 여름나기 | 대상연령 | 만 5세 |
|---|---|---|---|

**활동목표**

• 바람의 세기에 따라 종이마다 날리는 정도가 다름을 안다.

(자연탐구〉 과학적 탐구하기〉 물체와 물질 알아보기〉 주변의 여러 가지 물체와 물질의 기본 특성을 알아 본다.)

• 강풍에 어느 종이가 멀리 날아갈 지 예상해 본다.

(자연탐구〉 과학적 탐구하기〉 탐구기술 활용하기〉 일상생활의 문제를 해결하는 과정에서 탐색, 관찰, 비교, 예측 등의 탐구기술을 활용해 본다.)

**활동자료**

선풍기, 다양한 종이(색종이, 마분지, 골판지, 모래종이), 예상판, 결과판

**활동방법**

1. 다양한 종이를 보여 주고 탐색하게 한다.

"여기에 무엇이 있니?"

"가장 두꺼운 종이는 무엇이니?"

"가장 얇은 종이는 무엇이니?"

2. 선풍기를 강풍으로 틀면 종이들이 어떻게 될지 예상해 보고 예상판에 기록해 본다.

"강풍으로 선풍기를 틀면 어떤 종이가 가장 멀리 날아갈까?"

"강풍으로 선풍기를 틀어도 날아가지 않는 종이가 있을까?"

3. 종이를 같은 선에 두고 선풍기를 강풍으로 틀고 종이가 날아가는 정도를 결과표에 기록하고 예상
   판과 비교해 본다.
   "어느 종이가 멀리 날아갔니?"
   "어느 종이가 가장 적게 날아갔니?"
   "예상한 것과 같은 종이는 어떤 것이니?"
   "예상한 것과 다른 종이는 무엇이니? 이유가 무엇일까?"

**확장 활동**

• 빨대로 물감 불기 미술활동을 한다.

**주의사항**

• 선풍기에 안전망을 둘러서 안전사고에 유의한다.

40. 비가 와요

| 주제/소주제 | 여름/여름의 날씨 | 대상연령 | 만 3세 |
|---|---|---|---|

### 활동목표

• 비가 오는 날씨에 관심을 갖는다.

(자연탐구〉 과학적 탐구하기〉 자연현상 알아보기〉 날씨에 관심을 갖는다.)

• 비오는 날의 풍경에 대해 자신의 생각을 말한나.

(의사소통〉 말하기〉 느낌, 생각, 경험 말하기〉 자신의 느낌, 생각, 경험을 말해 본다.)

### 활동자료

빗소리 음원, 비가 올 때 사람들이 길을 가고 있는 풍경 사진자료나 그림자료, 우산, 장화, 우비 등의 그림자료

### 활동방법

1. 비가 오는 날씨에 대해 이야기를 나누고 빗소리 음원을 들려준다.

"오늘 비가 오는구나."

"여름에는 왜 비가 많이 올까?"

"더울 때 소나기가 내리면 기분이 어떠니?"

"매일 비가 오면 어떻게 될까?"

"비가 오는 소리는 어떻게 들리니?"

2. 비가 올 때 사람들이 길을 가고 있는 풍경 사진자료나 그림자료를 보여 주면서 이야기를 나눈다.

"비가 오는데 사람들이 어디를 가는 걸까?"

"비를 맞지 않기 위해서 사람들은 어떻게 하고 있니?"

"빗물이 고여 있는 곳을 지나가면 어떻게 되니?"

3. 우산, 장화, 우비 등의 그림자료를 보면서 비가 오는 날 주의해야 할 점에 대해 이야기를 나눈다.

"비가 오면 밝은 색 옷을 입어야 잘 보인단다."

"비가 오면 비를 맞지 않도록 우산을 잘 쓰고 장화를 신자."

"비를 맞게 되면 빨리 씻고 옷을 갈아입어야 한단다."

**확장 활동**

- 빗물을 모아서 관찰해 본다.
- 창가에 흐르는 빗물을 관찰해 본다.

**주의사항**

- 비가 오는 풍경에 대해 자신의 생각을 자유롭게 표현할 수 있도록 격려한다.

## 41. 어느 자동차가 빠를까요

| 주제/소주제 | 교통과 안전/내가 궁금한 교통수단 | 대상연령 | 만 5세 |
|---|---|---|---|

### 활동목표

- 자동차가 잘 굴러가는 바닥면의 특성을 안다.

  (자연탐구〉과학적 탐구하기〉물체와 물질 알아보기〉주변의 여러 가지 물체와 물질의 기본 특성을 알아본다.)

- 자동차가 잘 굴러가는 바닥면을 예측해 본다.

  (자연탐구〉과학적 탐구하기〉탐구기술 활용하기〉일상생활의 문제를 해결하는 과정에서 탐색, 관찰, 비교, 예측 등의 탐구기술을 활용해 본다.)

### 활동자료

미니 자동차, 하드보드지, 시트지, 길(수수깡길, 사포길, 단추길, 골판지길), 예측판, 결과판

### 활동방법

1. 자동차는 어떠한 길(바닥면)에서 잘 굴러가는지에 대해 이야기를 나눈다.

   "자동차는 어떤 길에서 잘 달릴까?"

   "울퉁불퉁한 길에서 자동차는 어떻게 달릴까?"

2. 자동차 굴리기 활동을 소개하고 교구를 탐색하게 한다.

   "여기에 어떤 바닥 면들이 있니?"

   "수수깡 바닥, 사포 바닥, 골판지 바닥, 단추 바닥으로 된 길이 있단다."

   "바닥 면을 만져 보니 어떠니?"

   "어떤 바닥이 가장 우둘투둘하니?"

"어떤 바닥에서 자동차가 제일 빨리 굴러갈까?"

"순서가 어떻게 될 것 같니?"

3. 자동차가 빨리 굴러갈 것으로 생각하는 순서대로 예측판에 붙인 다음 자동차를 굴려 본다.

"4명의 친구들이 나와서 선생님의 신호에 맞추어 자동차를 굴려 보자."

4. 결과를 보고 결과판에 붙인 다음 예측판과 비교해 본다.

"어느 바닥에서 자동차가 가장 잘 굴러갔니?"

"사포 바닥에서 가장 빨리 굴러갔구나."

"어느 바닥에서 자동차가 가장 잘 굴러가지 못했나?"

"수수깡 바닥이구나."

"예측한 것과 같니, 다르니?" "왜 이런 결과가 나왔을까?"

"바닥이 울퉁불퉁하거나 여러 가지가 붙어 있는 길은 자동차 바퀴가 빨리 굴러가지 못한단다."

"바닥에 아무 것도 있지 않거나 부드러운 길은 자동차 바퀴가 빨리 굴러갈 수 있단다."

**확장 활동**

• 바깥에 나가서 도로의 과속방지턱을 관찰해 본다.

**주의사항**

• 동일한 미니 자동차를 준비해서 굴리도록 한다.

# 42. 거울 속의 글자

| **주제/소주제** | 세계 속의 우리나라/우리나라의 문화유산 | **대상연령** | 만 5세 |
|---|---|---|---|

**활동목표**

• 거울의 특성을 알아본다.

(자연탐구〉과학적 탐구하기〉물체와 물질 알아보기〉주변의 여러 가지 물체와 물질의 기본 특성을 알아
본다.)

• 한글 글자에 관심을 가진다.

(의사소통〉읽기〉읽기에 흥미 가지기〉주변에서 친숙한 글자를 찾아 읽어 본다.)

**활동자료**

거울 활동판, 한글 단어카드(한국, 한글, 무궁화, 태극기 등)

| 거울 활동판 |

① 하드보드지를 2등분하여 가운데를 접었다 폈다 할 수 있도록 한다.

② 왼쪽에는 거울을 붙이고 오른쪽에는 단어 카드를 붙일 수 있도록 보슬이를 붙인다.

**활동방법**

1. 거울 활동판을 보며 거울에 관한 경험에 대해 이야기를 나눈다.

"거울을 본 적이 있니?"

"거울은 언제 많이 보니?"

"거울을 보면 무엇을 알 수 있을까?"

2. 거꾸로 쓴 단어카드를 보여 주고 탐색하게 한다.

"이것이 무엇일까?"

"무엇이라고 읽을까?"

3. 단어 카드를 거울에 비추어 본다.

"거울에 비추니 어떤 글자가 보이니?"

"글자를 읽어 보자.

"글자가 어떻게 달라졌니?"

**확장 활동**

• 세계 여러 나라의 문화재 중 대칭되는 것을 선택하여 반쪽 그림을 거울에 비추어 본다.

**주의사항**

• 깨지지 않는 안전거울을 제공한다.

# 43. 치자물 들이기

| 주제/소주제 | 세계 속의 우리나라/우리나라의 생활 | 대상연령 | 만 5세 |
|---|---|---|---|

### 활동목표

- 다양한 재료에 색물을 들여 보며 변화 과정을 관찰한다.

  (자연탐구〉과학적 탐구하기〉물체와 물질 알아보기〉물체와 물질을 여러 가지 방법으로 변화시켜 본다.)

- 자연 재료로 옷감에 물들이는 우리 나라 문화에 관심을 가진다.

  (사회관계〉사회에 관심갖기〉우리나라에 관심갖고 이해하기〉우리나라의 전통, 역사, 문화에 관심을 갖는다.)

### 활동자료

치자와 치자를 우려낸 물, 확대경, 그릇, 집게, 염색할 재료(다양한 천 조각, 종이, 비닐, 나무, 플라스틱 조각 등), 예측판, 결과판

### 활동방법

1. 치자를 확대경으로 살펴보고 치자를 우려낸 물에 대해 이야기를 나눈다.

   "이것이 무엇일까?"

   "어떻게 생겼니?"

   "이것을 물에 담그면 어떤 색이 나올 것 같니?"

   "치자를 쪼개어 미지근한 물에 담그면 진한 노란색 물이 잘 우러난단다."

2. 치자를 우려낸 물에 여러 가지 재료들이 물이 들지 예측해 보고 예측판에 기록한다.

   "치자를 우려낸 물에 천 조각, 종이, 비닐, 나무, 플라스틱 조각 등을 넣어서 물이 드는지 살펴보자."

   "어떤 재료가 물이 잘 들 것 같니?"

"왜 그렇게 생각했니?"

"어떤 재료가 물이 잘 들지 않을 것 같니?"

"왜 그렇게 생각했니?"

3. 여러 가지 재료를 치자를 우려낸 물에 물들인 결과를 결과표에 기록하고 이야기를 나눈다.

"어떤 재료가 치자물이 잘 들었니?"

"물들지 않은 재료는 어떤 것들이 있니?"

"치자물이 든 종이(천)로 무엇을 할 수 있을까?"

확장 활동

• 남은 치자물로 밀가루 점토를 만들어 놀이한다.

주의사항

• 치자물로 염색한 다양한 물건이나 옷을 보여 주어 치자물 염색에 흥미를 갖게 한다.

**44. 옛날 도구과 오늘날의 도구**

| 주제/소주제 | 우리나라/우리나라 사람들의 생활 | 대상연령 | 만 4세 |
| --- | --- | --- | --- |

**활동목표**

• 오늘날 물건과 옛날 물건의 특성을 알아본다.

　(자연탐구〉 과학적 탐구하기〉 물체와 물질 알아보기〉 주변의 여러 가지 물체와 물질의 기본 특성을 알아

　본다.)

• 우 리나라의 옛날 물건에 관심을 갖는다.

　(사회관계〉 사회에 관심 갖기〉 우리나라에 관심 갖고 이해하기〉 우리나라의 전통, 역사, 문화에 관심을 갖

　는다.)

**활동자료**

우리나라의 옛날 물건과 오늘날의 물건 그림자료나 사진자료

[예] 옛날 물건(　　　　)과 오늘날 물건(　　　)

| | | | | |
| --- | --- | --- | --- | --- |
|  |  |  |  |  |
| 맷돌 | 가마 | 가마솥 | 화로 | 호롱 |
|  |  |  |  |  |
| 믹서기 | 자동차 | 밥솥 | 난로 | 전등 |

활동방법

1. 오늘날의 도구 그림자료나 사진자료를 보고 물건의 이름과 사용방법에 대해 이야기를 나눈다.

   "이것은 무엇이니?"

   "믹서기는 언제 사용할까?"

   "자동차는 언제 사용할까?"

   "자동차는 누가 운전을 하니?"

   "밥솥은 언제 사용하니?"

   "밥솥은 누가 사용하니?"

2. 옛날 물건 그림자료나 사진자료를 보면서 오늘날의 물건과 연결한다.

   "이것은 무엇이니?"

   "무엇을 할 때 사용한 물건 같니?"

   "오늘날 어떤 물건하고 같을까?"

3. 옛날 물건과 오늘날 물건의 공통점과 차이점에 대해 이야기를 나눈다.

   "옛날 물건과 오늘날 물건의 공통점은 무엇일까?"

   "옛날 물건과 오늘날 물건의 차이점은 무엇일까?"

확장 활동

• 박물관이나 민속촌을 방문한다.
• 점토로 옛날 물건 만들기 미술활동을 해 본다.

▲ 국립중앙박물관

▲ 민속촌

# 45. 도깨비의 눈

| 주제/소주제 | 세계 속의 우리나라/우리나라의 생활 | 대상연령 | 만 5세 |
|---|---|---|---|

### 활동목표

• 오늘날의 물건과 옛날 물건의 기본 특성을 알아본다.

　(자연탐구〉과학적 탐구하기〉물체와 물질 알아보기〉주변의 여러 가지 물체와 물질의 기본 특성을 알아

　본다.)

• 비슷한 기능을 하는 오늘날 물건과 옛날 물건을 말한다.

　(의사소통〉말하기〉느낌, 생각, 경험 말하기〉주제를 정하여 함께 이야기를 나눈다.)

### 활동자료

도깨비 그림 기본판, 오늘날의 물건 그림카드 12장과 옛날 물건 그림카드 12장(갓-모자, 버선-양말,
맷돌-믹서기, 아궁이-가스레인지, 초롱-손전등, 붓-연필, 가마-자동차, 부채-선풍기, 초가집-아파트, 짚
신-구두, 초-전등, 곰방대-담배), 밴다이어그램 표

[예] 도끼비 눈 기본판

[예] 옛날/오늘날 물건 그림카드

| 갓 | 모자 | 버선 | 양말 | 짚신 | 구두 |

**활동방법**

1. 도깨비 눈 기본판의 한쪽 눈에 오늘날의 물건을 하나 제시하고, 이에 해당하는 옛날 물건 그림 카드를 찾아 이름을 말한 후 그 옆에 올려 놓게 한다.

   "오늘날 사용하는 모자 대신 옛날에 사용한 것을 찾아보자. 이름을 무엇이라고 하니?"

   "오늘날 사용하는 양말 대신 옛날에는 어떤 것을 사용했을까?"

   "버선을 신으면 신발은 어떤 것을 신어야 할까?"

2. 오늘날 사용하는 물건과 옛날에 사용한 물건의 공통점과 차이점에 대해 이야기를 나누어 밴다이어 그램에 기록해 본다.

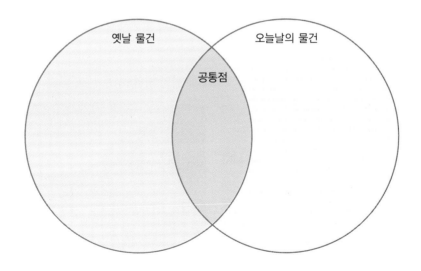

**확장 활동**

• 재활용품을 이용해서 옛날 물건을 만들어 보는 미술활동을 해 본다.

# 46. 세계 여러 나라의 기후가 달라요

| 주제/소주제 | 세계 속의 우리나라/세계 여러 나라의 생활 | 대상연령 | 만 5세 |
|---|---|---|---|

### 활동목표

• 세계 여러 나라의 기후가 다름을 안다.

  (자연탐구〉 과학적 탐구하기〉 자연현상 알아보기〉 날씨와 기후변화 등 자연현상에 대해 관심을 갖는다.)

• 세계 여러 나라 사람들의 생활에 관심을 갖는다.

  (사회관계〉 사회에 관심 갖기〉 세계와 여러 문화에 관심 가지기〉 세계 여러 나라에 대해 관심을 갖고, 서로 협력해야 함을 안다.)

### 활동자료

지구본, 북극 지역에 사는 사람들의 옷과 집 모습, 열대 사막 지역의 옷과 집 모습

[예] 북극 지역

[예] 사막 지역

**활동방법**

1. 우리나라의 사계절에 대해 이야기를 나눈다.

   "우리나라는 사계절이 있어요."

   "다른 나라에도 사계절이 있을까?"

2. 지구본에서 일 년 내내 추운 나라와 더운 나라를 찾아본다.

   "일년 내내 추운 나라가 있을까? 어디일까?"

   "일년 내내 더운 나라가 있을까? 어디일까?"

   "만약 이런 나라에서 산다면 기분이 어떨 것 같니?"

   "우리나라처럼 사계절이 있는 나라도 있을까?"

3. 북극 지역과 열대 사막지역의 그림자료를 보면서 공통점과 차이점을 알아본다.

   "이렇게 추운 나라에서는 사람들이 어떤 옷을 입니?"

   "이렇게 추운 나라의 집은 어떻게 생겼니?"

   "이렇게 더운 나라에서는 사람들이 어떤 옷을 입니?"

   "이렇게 더운 나라의 집은 어떻게 생겼니?"

   "만약 이런 나라에서 산다면 기분이 어떨 것 같니?"

**확장 활동**

• 쌓기놀이 영역에서 세계 여러 나라 집을 만들어 본다.

**주의사항**

• 세계 여러 나라에 관심을 가지게 하고 다른 문화에 대해 편견을 가지지 않도록 유의한다.

# 47. 과일과 씨

| 주제/소주제 | 가을과 열매/풍성한 가을 | 대상연령 | 만 4세 |
|---|---|---|---|

### 활동목표

• 가을에 먹는 과일의 씨에 관심을 갖는다.

(자연탐구〉과학적 탐구하기〉생명체와 자연환경 알아보기〉관심 있는 동식물의 특성과 성장과정을 알아
본다.)

• 가을에 먹는 과일과 씨의 특성을 말한다.

(의사소통〉말하기〉느낌, 생각, 경험 말하기〉자신의 느낌, 생각, 경험을 적절한 낱말과 문장으로 말한다.)

### 활동자료

가을철 과일과 씨 그림자료

[예] 가을철 과일과 씨

|  |  |  |  |
|---|---|---|---|
| 감 | 사과 | 배 | 석류 |

**활동방법**

1. 과일 그림자료를 보면서 이야기를 나눈다.

"이것이 무엇일까?"

"우리가 가을에 먹는 감이구나."

"감의 색깔은 어떠니?"

"감의 맛은 어떠니?"

2. 가을철 과일과 씨앗 그림을 보고 서로 연결해 보고 씨앗의 색, 모양, 크기를 비교해 본다.

"감의 씨앗은 어떤 것이니?"

"사과 씨앗은 어떻게 생겼니?"

"씨앗을 손으로 만져 보자. 느낌이 어떠니?"

"씨앗 중에서 가장 큰 것은 어떤 과일이니?"

"씨앗 중에서 가장 작은 것은 어떤 과일이니?"

3. 씨앗을 크기 순서대로 놓아 본다.

"씨앗을 작은 것에서 큰 것 순서대로 놓아 보자."

**확장 활동**

• 씨앗 콜라주 미술작업을 해 본다.
• 씨앗을 화분에 심어서 싹이 트는 것을 관찰한다.

48. 나뭇잎이 물들었어요

| 주제/소주제 | 가을과 자연/가을나무와 숲 | 대상연령 | 만 5세 |

### 활동목표

• 나뭇잎이 물드는 것에 호기심을 가지고 이유를 알아본다.

(자연탐구〉과학적 탐구하기〉생명체와 자연환경 알아보기〉관심 있는 동식물의 특성과 성장과정을 알아본다.)

• 나뭇잎의 모양과 색깔별로 분류한다.

(자연탐구〉수학적 탐구하기〉기초적인 자료수집과 결과 나타내기〉한 가지 기준으로 분류한 자료를 다른 기준으로 재분류해 본다.)

### 활동자료

여러 가지 나뭇잎, 확대경, 여러 가지 나뭇잎 그림카드(빨간색 단풍잎 모양, 노랑색 단풍잎 모양, 빨강색 은행잎 모양, 노란색 은행잎 모양 각각 5개씩 총 20개)

[예] 빨간색 단풍잎

[예] 노란색 나뭇잎

**활동방법**

1. 바깥에 나가서 주워온 나뭇잎을 확대경으로 들여다보면서 이야기를 나눈다.

   "나뭇잎 색깔이 어떠니?"

   "여름에 보았던 나뭇잎이 지금은 어떻게 변했니?" "왜 나뭇잎은 노랗게, 빨갛게 물이 들까?"

   "나무가 겨울 준비를 하기 위해 양분을 저장하는 과정에서 나뭇잎까지 양분이 가지 못해서 나뭇
   잎 색이 변하게 된단다."

2. 여러 가지 나뭇잎 그림카드를 가지고 같은 것끼리 모아 본다.

   "○○는 어떻게 이렇게 모았니?" "노란색이면서 은행잎 모양만 모았구나."

   "▲▲는 어떻게 이렇게 모았니?" "빨간색이면서 은행잎 모양만 모았구나."

3. 나뭇잎을 세워 본다.

   "노란색 나뭇잎은 모두 몇 개니?" "손으로 짚어 가면서 세어 보자."

   "빨간색 나뭇잎은 모두 몇 개니?" "손으로 짚어 가면서 세어 보자."

   "노란색과 빨간색 나뭇잎을 모두 합하면 몇 개니?"

   "은행잎 모양은 모두 몇 개니?"

**확장 활동**

• 나뭇잎 콜라주 미술작업을 해 본다.

• 낙엽이 떨어지는 이유에 대해 이야기를 나눈다.

49. 흙을 관찰해요

| 주제/소주제 | 지구와 환경/우리가 사는 지구 | 대상연령 | 만 5세 |

**활동목표**

• 흙에는 여러 가지 생물이 살고 있음을 안다.

(자연탐구 영역〉 과학적 탐구하기〉 자연현상 알아보기〉 돌, 물, 흙 등 자연물의 특성과 변화를 알아본다.)

• 도구를 이용하여 흙 속을 관찰한다.

(자연탐구 영역〉 과학적 탐구하기〉 간단한 도구와 기계 활용하기〉 생활 속에서 간단한 도구와 기계를 활용

한다.)

**활동자료**

모종삽, 화단 흙, 투명한 유리접시, 핀셋, 확대경, 관찰지, 필기도구

**활동방법**

1. 흙을 담은 접시를 보고 이야기를 나눈다.

"이것은 무엇이니?"

"어디에서 가져온 흙일까?"

"흙을 만져 보니 기분이 어떠니?"

"흙 속에 무엇이 있니?"

2. 흙 속을 확대경으로 살펴본다.

"흙 속에 어떤 것들이 있나?"

"흙 속에 이런 벌레들이 있으면 어떤 점이 좋을까?"

"흙 속에 이런 벌레들이 있으면 어떤 점이 나쁠까?"

"나뭇잎이나 뿌리가 있으면 어떤 점이 좋을까?"

3. 흙 속에 보이는 것들을 관찰지에 쓰거나 그려서 기록한다.

확장 활동

• 흙에서 나온 생물을 손에 놓고 만져 보아 그 촉감을 느껴 본다.

• 생활 주변에서 흙이 사용되고 있는 곳을 알아본다.

유의사항

• 가능한 한 여러 가지 돌과 벌레 등이 섞여 있는 흙을 구하여 관찰한다.

주의사항

• 흙을 만진 후 손을 깨끗이 씻는다.

# 50. 북극곰이 사는 곳

| 주제/소주제 | 지구와 환경/우리가 사는 지구 | 대상연령 | 만 5세 |
|---|---|---|---|

**활동목표**

- 북극곰이 살기 좋은 환경에 대해 알아본다.

  (자연탐구 영역〉과학적 탐구하기〉생명체와 자연환경 알아보기〉생명체가 살기 좋은 환경과 녹색환경에

  대해 알아본다.)

- 북극에 대해 관심을 갖는다.

  (사회관계 영역〉사회에 관심 갖기〉세계와 여러 문화에 관심 가지기〉세계 여러 나라에 대해 관심을 갖고,

  서로 협력해야 함을 안다.)

**활동자료**

세계 지도, 북극 그림자료, 북극곰의 사진이나 그림자료, '북극곰의 눈물' 영상자료

[예] 북극

1. 세계 지도를 보면서 이야기를 나눈다.

   "파란색은 어디일까?"

   "파란색은 바다를 말하는구나."

   "갈색은 어디일까?"

   "갈색은 땅이란다."

   "여기는 어디일까? 북극(남극)이란다."

2. 영상자료 〈북극곰의 눈물〉을 보고 이야기를 나누면서 환경보호에 대해 생각해 본다.

   "북극곰은 무엇을 먹니?"

   "왜 수영을 많이 해야 할까?"

   "북극의 얼음이 왜 많이 녹고 있을까?"

   "북극의 얼음이 더 이상 녹지 않게 하려면 어떻게 해야 할까?"

3. 북극곰이 살기 좋은 환경을 그림으로 그리고 친구들 앞에서 발표한다.

   "북극곰이 살기 좋은 북극을 그려 보자."

   "내가 그린 그림에 대해 친구들 앞에서 이야기해 보자."

확장 활동

• 북극곰의 행동을 흉내 내어 본다.

# 51. 흙을 살펴보아요

| 주제/소주제 | 환경과 생활/돌, 흙과 우리 생활 | 대상연령 | 만 4세 |

**활동목표**

- 흙의 특성에 대해 관심을 갖는다.

  (자연탐구 영역〉 과학적 탐구하기〉 자연현상 알아보기〉 돌, 물, 흙 등 자연물의 특성과 변화를 알아본다.)

- 흙의 특성에 대해 자신의 생각을 말한다.

  (의사소통 영역〉 말하기〉 느낌, 생각, 경험 말하기〉 자신의 느낌, 생각, 경험을 말한다.)

**활동자료**

용기 2개, 모종삽, 체, 돋보기, 종이접시, 비교판, 확대경, 흙(장소가 다른 곳에서 가져온 흙 2종류)

[예] 모종삽과 체

[예] 비교판

| 장소<br>알아봐요 | 꽃밭 흙 | 운동장 |
|---|---|---|
| 느낌 | | |
| 냄새 | | |
| 색깔 | | |
| 모양 | | |

1. 흙에 대해 이야기를 나눈다.

　　"흙을 본 적이 있니?"

　　"어디에서 흙을 보았니?"

　　"흙 색깔은 모두 같을까 아니면 다를까?"

　　"흙을 만져 본 느낌은 어땠니?"

　　"모든 흙은 다 같을까?"

2. 장소가 다른 곳에서 가져온 흙(꽃밭 흙과 놀이터 흙)을 보면서 두 흙의 차이점을 알아보고 교사는
　　유아의 말을 비교표에 적어 준다.

　　"흙을 만져 본 느낌은 어떠니?"

　　"흙의 냄새는 어떠니?"

　　"흙의 색깔은 어떠니?"

　　"흙의 알갱이는 어떠니?"

확장 활동

• 흙을 채로 채치기를 해서 골라 본다.

주의사항

• 흙을 만진 후 손을 깨끗이 씻는다.

# 52. 깨끗한 바다

| 주제/소주제 | 지구와 환경/우리가 사는 지구 | 대상연령 | 만 5세 |
|---|---|---|---|

### 활동목표

- 바다 생물이 살기 좋은 환경에 대해 알아본다.

  (자연탐구〉과학적 탐구하기〉생명체와 자연환경 알아보기〉생명체가 살기 좋은 환경과 녹색 환경에 대해 알아본다.)

- 바다 생물에 대해 알아본다.

  (자연탐구〉과학적 탐구하기〉생명체와 자연환경 알아보기〉관심 있는 동식물의 특성과 성장과정을 알아본다.)

### 활동자료

바다풍경 그림판, 바다를 오염시키는 그림 자료(비닐봉지, 음식찌꺼기, 깡통, 병 등), 물고기 그림, 주사위, 구슬

[예] 바다 그림판과 활동자료

활동방법

1. 바다에 사는 동물들에 대해 이야기를 나눈다.

   "바다에는 어떤 동물들이 사니?"

   "바다에서 사는 물고기는 무엇을 먹고 살까?"

2. 깨끗한 바다에 쓰레기를 버리면 어떻게 될지 알아본다.

   "깨끗한 바다에 먹다 남은 캔 음료수, 사용하다 버린 쓰레기들을 마구 버리면 어떻게 될까?"

   "바다 깊숙이 쓰레기들이 쌓여져 있으면 어떻게 될까?"

3. 게임방법을 알아보고 게임을 시작한다.

| 게임방법 |

① 주사위를 던져서 나온 표정을 보고, 웃는 얼굴은 물고기를 붙인다.

② 물고기를 붙인 사람은 구슬(♡)을 가져간다.

③ 찡그린 표정이 나온 사람은 쓰레기를 붙인다.

④ 게임판에 빈자리가 없도록 모두 붙인 후 자신이 가진 구슬을 세어서 많이 가지고 있는 유아가 이긴다.

확장 활동

• 쓰레기를 분리수거하는 방법에 대해 이야기를 나눈다.

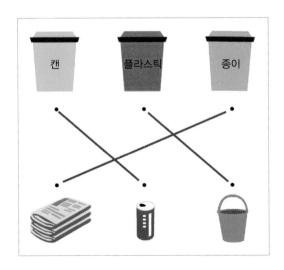

## 53. 빗물을 관찰해요

| 주제/소주제 | 지구와 환경/우리가 사는 지구 | 대상연령 | 만 5세 |
| --- | --- | --- | --- |

**활동목표**

• 빗물의 특성에 대해 관심을 갖는다.

  (자연탐구〉과학적 탐구하기〉자연현상 알아보기〉돌, 물, 흙 등 자연물의 특성과 변화를 알아본다.)

• 비를 맞지 않아야 하는 이유에 대해 자신의 생각을 말한다.

  (의사소통〉말하기〉느낌, 생각, 경험 말하기〉자신의 느낌, 생각, 경험을 말한다.)

**활동자료**

물을 모을 수 있는 입구가 넓은 유리 그릇, 확대경, 비옷, 장화, 우산 그림자료

**활동방법**

1. 비가 오는 날씨에 대해 이야기를 나눈다.

  "오늘 비가 오니 기분이 어떠니?"

  "비는 어떻게 해서 내릴까?"

2. 깨끗한 유리컵에 모은 빗물을 관찰하고 환경오염에 대해 알아본다.

  "빗물 속에 무엇이 보이니?"

  "빗물 색깔은 어떠니?"

  "빗물에는 왜 이런 것이 섞여 있을까?"

3. 비를 맞지 않기 위해 해야 하는 행동에 대해 알아본다.

　"우산을 쓰지 않으면 어떻게 될까?"

　"비 오는 날에는 어떤 옷차림이 좋을까?"

확장 활동

• 빗물과 수돗물을 며칠 동안 두고 물이 변화되는 상태를 비교, 관찰한다.

• 산성비에 대해 알아본다.

유의사항

• 하루 일과 동안 빗물의 양이 충분히 모이면 활동을 시작한다.

# 54. 겨울나무를 관찰해요

| 주제/소주제 | 겨울과 놀이/겨울 풍경 | 대상연령 | 만 3세 |
| --- | --- | --- | --- |

**활동목표**

• 겨울나무에 관심을 갖는다.

(자연탐구〉과학적 탐구하기〉생명체와 자연환경 알아보기〉주변의 동식물에 관심을 가진다.)

• 나무가 겨울에 잘 지낼 수 있는 방법을 말한다.

(의사소통〉말하기〉느낌, 생각, 경험 말하기〉자신의 느낌, 생각, 경험을 말한다.)

**활동자료**

확대경, 겨울에 나무를 보호하는 그림자료

[예] 겨울나무

1. 실외에 나가서 확대경으로 나무를 살펴본다.

　"나무가 어떤 모습이 되었니?"

　"나뭇잎은 어디로 갔을까?"

　"나뭇잎이 그대로 있는 나무는 없니?"

2. 겨울에 나무가 잘 자라도록 해 주는 방법에 대해 알아본다.

　"나무들은 추운 겨울에 어떻게 살아갈까?"

　"나무 밑부분을 짚이나 신문지로 싸 주면 겨울에 얼지 않고 잘 자랄 수 있단다."

　"나무가 잘 자라도록 나무의 껍질을 벗기거나 나무를 훼손하면 안 된단다."

• 봄에 찍어 두었던 나무의 사진들과 비교해 본다.

• 바깥에 나가서 나무를 관찰하기 위해 확대경을 충분히 준비한다.

# 55. 눈을 관찰해요

| 주제/소주제 | 겨울과 놀이/겨울날씨 | 대상연령 | 만 3세 |

### 활동목표

• 확대경을 이용해서 눈을 관찰한다.

 (자연탐구〉 과학적 탐구하기〉 자연현상 알아보기〉 날씨에 관심을 갖는다.)

• 관찰한 눈을 그림으로 표현한다.

 (예술경험〉 예술적 표현하기〉 미술활동으로 표현하기〉 다양한 미술활동을 경험해 본다.)

### 활동자료

검정 도화지, 확대경, 도화지, 색연필이나 크레파스, 물감 등 색칠도구

### 활동방법

1. 눈에 대해 이야기를 나눈다.

 "오늘 날씨가 어떠니?"

 "눈도 오고 바람도 불고 춥구나."

 "눈이 내려서 온 동네가 하얗게 변했네."

2. 확대경을 들고 바깥에 나가서 눈을 관찰하고 검정 도화지에 눈을 담아서 실내에서 확대경으로 더 자세히 관찰한다.

 "확대경으로 눈을 살펴보자. 눈이 어떻게 생겼니?"

 "눈을 검정 도화지에 담아서 더 자세히 보자."

3. 교실에 들어와서 검정 도화지 위의 눈을 자세히 관찰하고 관찰한 것을 그림으로 표현해 본다.

"도화지 위에 관찰한 눈의 모습을 그려 보자."

"눈이 녹으니 물이 되었네."

4. 눈을 표현한 유아의 그림을 전시해 준다.

**확장 활동**

• 눈이 녹는 것을 관찰한다.

**주의사항**

• 눈이 녹아서 바닥에 물기가 있으면 즉시 닦는다.

# 56. 얼음이 녹아요

| 주제/소주제 | 겨울과 놀이/겨울날씨 | 대상연령 | 만 4세 |
| --- | --- | --- | --- |

**활동목표**

- 얼음이 녹는다는 것을 안다.

    (자연탐구〉 과학적 탐구하기〉 자연현상 알아보기〉 날씨와 기후변화에 관심을 갖는다.)

- 얼음이 많을수록 녹으면 물도 많아짐을 안다.

    (자연탐구〉 수학적 탐구하기〉 기초적인 측정하기〉 일상생활에서 길이, 크기, 무게 등을 비교해 본다.)

**활동자료**

얼음 여러 개, 얼음을 담을 그릇 2개, 드라이기, 양팔저울, 관찰기록지

**활동방법**

1. 얼음을 만져 본 적이 있는지 이야기를 나눈다.

    "얼음을 만져 본 적이 있니?"

    "얼음을 만졌을 때 느낌이 어땠니?"

    "얼음이 녹으면 어떻게 되니?"

2. 한 그릇에는 얼음 조각 2개를 담고, 다른 그릇에는 얼음 조각 5개를 담고 얼음을 녹이는 것에 대해 알아본다.

    "얼음 조각이 몇 개 있니?"

    "얼음을 녹이려면 어떻게 해야 할까?"

    "그래, 드라이기로 뜨거운 바람을 불어서 녹여 보자."

"얼음이 녹아서 물이 더 많이 나올 것 같은 그릇은 어느 그릇일까?"

"어느 그릇의 물이 더 많은지 무엇으로 알 수 있을까?"

"양팔저울로 알아보자."

3. 얼음 조각이 든 그릇에 드라이기로 따뜻한 바람을 쐬어 준 후 얼음이 다 녹으면 어느 그릇의 물이
   더 많은지 살펴본다.

   "얼음이 어떻게 되었니?"

   "어느 그릇의 물이 더 많니?"

   "저울 위에 그릇을 올려 보자.

   "관찰기록지에 양팔저울의 모습을 그려 보자."

확장 활동

• 색깔 얼음물로 그림을 그려 본다.

# 57. 어느 얼음이 빨리 녹을까요

| 주제/소주제 | 겨울과 놀이/겨울날씨 | 대상연령 | 만 4세 |
|---|---|---|---|

**활동목표**

- 얼음이 열에 의해 녹는다는 것을 안다.

  (자연탐구〉과학적 탐구하기〉물체와 물질 알아보기〉물체와 물질을 여러 가지 방법으로 변화시켜 본다.)

- 얼음이 녹는 이유에 대해 자신의 생각을 말한다.

  (의사소통〉말하기〉느낌, 생각, 경험 말하기〉자신의 느낌, 생각, 경험을 말한다.)

**활동자료**

얼음 여러 개, 찬물, 뜨거운 물, 모래, 얼음이 들어 있는 투명한 그릇 4개, 관찰기록지

**활동방법**

1. 컵 속에 얼음이 어떻게 되는지 이야기를 나눈다.

   "컵에 얼음을 두면 어떻게 되니?"

   "왜 얼음이 녹아서 물이 되었을까?"

2. 찬물, 뜨거운 물, 모래, 얼음이 들어 있는 투명한 그릇 4개를 보여 주고 얼음을 넣었을 때 가장 빨리 녹을 것으로 생각되는 순서대로 예측해 본다.

   "어느 그릇에 얼음을 넣으면 가장 빨리 녹을 것 같니?"

   "왜 그렇게 생각했니?"

   "그다음 순서로 빨리 녹을 것 같은 그릇은 어느 것이니?"

   "어느 그릇에 얼음을 넣으면 가장 늦게 녹을 것 같니?"

3. 얼음 조각을 각각의 그릇에 넣고 어떻게 되는지 관찰하고 관찰기록지에 글로 쓰거나 그림으로 그
   린다.

   "얼음이 어떻게 되었니?"

   "어느 그릇의 얼음이 가장 빨리 녹고 있니?"

   "얼음이 녹을 때 얼음은 어떤 모양이니?"

   "관찰기록지에 얼음이 녹는 순서대로 그려 보자."

**확장 활동**

• 에스키모인의 얼음집에 대해 알아본다.

# 58. 도구와 기계를 나누어요

| 주제/소주제 | 기계와 생활/우리 주변의 기계 | 대상연령 | 만 5세 |
|---|---|---|---|

## 활동목표

- 도구와 기계를 분류할 수 있다.

  (자연탐구〉과학적 탐구하기〉간단한 도구와 기계 활용하기〉생활 속에서 간단한 도구와 기계에 관심을 갖는다.)

- 규칙에 맞추어 게임을 할 수 있다.

  (의사소통〉말하기〉느낌, 생각, 경험 말하기〉자신의 느낌, 생각, 경험을 적절한 낱말과 문장으로 말한다.)

## 활동자료

글씨카드, 그림카드, 게임판, 뽑기 막대

[예] 게임판과 그림카드, 뽑기 막대

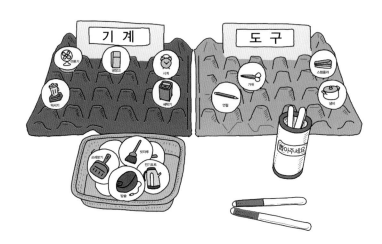

1. 활동 자료를 살펴본다.

   "여기에 무엇이 있니?"

   "게임판이 있네. 그림카드도 있구나.

   "이것으로 무엇을 하는 걸까?"

2. 게임방법을 알려준다.

   ① 도구와 기계로 팀을 나누고 글씨카드와 그 색에 따른 게임판을 나누어 갖는다.

   ② 순서를 정하여 뽑기 막대를 뽑는다.

   ③ 아이스크림 막대 끝에 표시된 색이 자신의 글씨카드 색과 동일하면 바구니에서 그림카드를 한

      개 가져와 게임판 안에 흰색으로 표시 된 곳에 놓는다. 이때 색깔이 다른 막대를 뽑으면 그림

      카드를 가져갈 수 없다.

   ④ 게임판 위에 그림카드를 먼저 다 놓으면 게임은 끝난다.

3. 그림카드를 뒤집어서 도구와 기계의 이름과 쓰임새에 대해 이야기한다.

   "그림카드에 있는 도구의 이름은 무엇이니?"

   "그림카드 뒤에 도구의 이름이 있네. 어떻게 읽니?"

   "이 물건은 어디서 사용하니?"

   "○○는 이 물건을 사용해 본 적 있니?"

확장 활동

• 도구와 기계의 사용법에 대해 이야기를 나눈다.

# 59. 나의 짝을 찾아 주세요

| 주제/소주제 | 생활도구/다양한 생활도구 | 대상연령 | 만 3세 |
|---|---|---|---|

### 활동목표

- 생활도구에 관심을 갖는다.

  (자연탐구〉과학적 탐구하기〉간단한 도구와 기계 활용하기〉생활 속에서 간단한 도구와 기계에 관심을 갖는다.)

- 생활도구의 사용방법을 말할 수 있다.

  (의사소통〉말하기〉느낌, 생각, 경험 말하기〉자신의 느낌, 생각, 경험을 말해 본다.)

### 활동자료

생활도구 퍼즐자료(실과 바늘, 도마와 칼, 비와 빗자루, 빗과 거울, 숟가락과 젓가락, 책상과 의자)

[예] 물건의 짝

실

바늘

책상

의자

빗자루

쓰레받기

수저

젓가락

**활동방법**

1. 생활도구 퍼즐 자료를 늘어놓고 짝을 맞추어 보게 한다.

    "이 퍼즐의 짝을 찾아볼까?"

    "이 물건의 짝은 어디에 있을까?"

2. 생활도구의 퍼즐을 다 맞춘 후 어디에 사용하는 물건인지 이야기를 나눈다.

    "이 물건은 어디에 사용하는 것이니?"

    "이 물건을 사용해 본 적 있니?"

    "이 물건은 어떻게 사용하니?"

    "누가 주로 사용하니?"

    "만약 물건의 짝이 없다면 어떻게 될까?"

**확장 활동**

• 도구와 기계 그림자 알아맞히기 활동을 한다.

## 60. 그림자 놀이

| 주제/소주제 | 생활도구/다양한 생활도구 | 대상연령 | 만 3세 |
|---|---|---|---|

### 활동목표

• 주변의 간단한 도구에 관심을 갖는다.

(자연탐구〉 과학적 탐구하기〉 간단한 도구와 기계 활용하기〉 생활 속에서 간단한 도구와 기계에 관심을 갖는다.)

• 도구 그림자와 도구를 일대일 대응 지을 수 있다.

(자연탐구〉 수학적 탐구하기〉 공간과 도형의 기초개념 알아보기〉 물체의 모양에 관심을 갖는다.)

### 활동자료

인형극 틀, 광목천, 전구, 생활도구 각 1쌍(가위, 연필, 빗, 컵, 물병 등)

### 활동방법

1. 여러 가지 생활도구를 탐색한다.

"○○가 좋아하는 컵이 있네."

"종이를 자르는 가위도 있구나."

2. 광목천이 씌여진 인형극 틀과 전구를 보여 준다.

"여기에 무엇이 있니?"

"인형극 틀과 전구가 있구나. 이걸로 그림자놀이를 할 거야."

"자, 선생님이 천 뒤에서 생활도구를 손에 들면 생활도구의 그림자가 보일거야."

"어떤 물건인지 알아보자."

3. 생활 도구의 그림자를 보고 같은 생활도구를 찾아본다.

　"이 그림자는 어떤 도구의 그림자일까?"

　"도구를 찾아보자."

확장 활동

• 사용 장소별로 도구를 구분해 본다.

주의사항

• 그림자를 보고 도구의 특성에 관심을 갖게 한다.

**61. 종이컵 전화기**

| 주제/소주제 | 생활도구/다양한 생활도구 | 대상연령 | 만 3세 |
|---|---|---|---|

**활동목표**

• 전화기에 관심을 갖는다.

  (자연탐구〉과학적 탐구하기〉간단한 도구와 기계 활용하기〉생활 속에서 간단한 도구와 기계에 관심을 갖
  는다.)

• 줄의 종류에 따라 소리가 다르게 들리는 것에 호기심을 갖는다.

  (자연탐구〉탐구하는 태도 기르기〉호기심을 유지하고 확장하기〉주변 사물과 자연세계에 대해 호기심을
  갖는다.)

**활동자료**

전화기 실물자료 혹은 그림자료, 가는 실, 굵은 털실, 고무줄, 리본 테이프로 연결된 종이컵 전화기
4개, 음원 자료

**활동방법**

1. 전화기 실물자료나 그림자료를 보면서 이야기를 나눈다.

  "이것이 무엇일까?"

  "전화를 한 적이 있니?"

  "어떻게 멀리 있는 사람의 목소리가 전달될까?"

2. 종이컵 전화기로 실험해 본다.

  "여기에 종이컵 전화기가 있단다. 그런데 가는 실, 털실, 고무줄, 리본 테이프로 종이컵 전화기가
   각기 다르게 연결되어 있단다."

"전화기 소리는 각각 어떻게 들릴까?"

"줄에 따라 전화기 소리가 다르게 들릴까? 같게 들릴까?"

3. 유아는 한 명씩 나와서 줄을 팽팽하게 한 뒤 종이컵 전화기의 한쪽을 들고 선생님이 들려주는 음원을 듣는다. 그리고 어느 전화기가 잘 들렸는지 순서대로 이야기한다.

"4개의 종이컵 전화기 중 어느 것이 가장 잘 들렸니?"

"4개의 종이컵 전화기 중 어느 것이 가장 잘 들리지 않았니?"

**확장 활동**

• 종이컵의 실 굵기가 달라지면 소리가 어떻게 들리는지 비교한다.

**유의사항**

• 소리의 진동이 잘 전달되도록 종이컵의 실을 팽팽하게 한다.

# 62. 자석에 붙는 것과 붙지 않는 것

| 주제/소주제 | 형님이 되어요/즐거웠던 우리반 | 대상연령 | 만 3세 |
|---|---|---|---|

### 활동목표

- 자석에 붙는 물건과 붙지 않는 물건의 특성에 관심을 갖는다.

  (자연탐구〉과학적 탐구하기〉물체와 물질 알아보기〉친숙한 물체와 물질의 특성에 관심을 갖는다.)

- 다양한 물건의 이름과 기능을 말한다.

  (의사소통〉말하기〉낱말과 문장으로 말하기〉친숙한 낱말을 발음해 본다.)

### 활동자료

말굽자석, 교실 내 여러 가지 물건(색연필, 수수깡, 레고블록, 인형, 클립, 열쇠, 가위, 동전 등), 바구니 2개, 글자카드 2개(자석에 붙는 것, 자석에 붙지 않는 것)

### 활동방법

1. 말굽자석에 대해 이야기를 나눈다.

   "이것은 무엇일까?"

   "말굽모양으로 생겼다고 말굽자석이라고 한단다."

2. 교실의 여러 가지 물건을 가지고 자석에 붙여 본다.

   "여기에 어떤 물건들이 있니?"

   "이 물건은 어디에 사용하는 물건이니?"

   "어떤 물건이 자석에 붙을까?"

   "자석에 붙지 않는 물건은 무엇일까?"

3. 자석에 붙는 물건과 붙지 않는 물건으로 구분하여 각각의 바구니에 담는다.

  "자석에 붙는 물건은 어떤 공통점을 갖고 있을까?"

  "자석에 붙지 않는 물건은 어떤 공통점을 갖고 있을까?"

확장 활동

• 주변에서 자석이 이용되고 있는 도구나 기계를 찾아본다.

# 63. 무게를 재어 보아요

| 주제/소주제 | 형님이 되어요/즐거웠던 우리반 | 대상연령 | 만 4세 |
| --- | --- | --- | --- |

**활동목표**

- 양팔저울을 이용해서 무게를 알아본다.

  (자연탐구〉 과학적 탐구하기〉 간단한 도구와 기계 활용하기〉 생활 속에서 간단한 도구와 기계를 활용한다.)

- 무게를 비교한다.

  (자연탐구〉 수학적 탐구하기〉 기초적인 측정하기〉 일상생활에서 길이, 크기, 무게 등을 비교해 본다.)

**활동자료**

모래놀이대, 플라스틱 그릇 3개(빨강, 노랑, 파랑), 양팔저울, 측정용 컵

**활동방법**

1. 모래놀이대의 플라스틱 그릇을 보면서 이야기를 나눈다.

   "이것은 무엇일까?"

   "어느 그릇에 모래가 더 많이 들어갈까?"

2. 3개의 플라스틱 그릇에 동일한 측정용 컵으로 모래를 담은 다음 양팔저울에 올려서 무게를 비교
   해 본다.

   "빨강 그릇의 모래와 노란 그릇의 모래를 올려놓으니 양팔저울이 어느 쪽으로 기울었니?"

   "빨강 그릇의 모래 쪽으로 기울었구나."

   "빨강 그릇의 모래와 파란 그릇의 모래는 어느 것이 더 무거울까?"

   "빨강 그릇의 모래와 파란 그릇의 모래 중 어느 것이 더 무거운지 어떻게 하면 알 수 있을까?"

3. 3개의 그릇에 들어가는 모래의 양을 측정용 컵을 이용하여 비교해 본다.

"빨강 그릇의 모래를 측정용 컵으로 세어 보자. 하나, 둘, 셋. 넷, 다섯 컵이 들어가는구나."

"노란 그릇에는 모래가 몇 컵이나 들어가는지 세어 보자. 하나, 둘, 셋 컵이 들어가는구나."

"빨강 그릇이 노란 그릇보다 두 컵의 모래가 더 들어가는구나."

**확장 활동**

• 재활용품을 이용해서 양팔저울을 만들어 본다.

## ★ 참고문헌

교육과학기술부(2010). 창의인재와 선진과학기술로 여는 미래 대한민국. 2011년 교육과학기술부 업무보고, 1-41. 서울: 교육과학기술부.

교육인적자원부(2007). 초등학교 교육과정 해설: 수학, 과학, 실과. 서울: 교육인적자원부.

권민균, 문혁준, 권희경, 성미영, 신유림, 안선희, 안효진, 이경옥, 천희영, 한유미, 한유진, 황혜신(2005). 아동발달. 서울: 창지사.

권영례(2011). 유아과학교육. 서울: 학지사.

김미경(2003). 과학적 사고발달을 위한 영유아 과학교육. 서울: 학지사.

김미경(1998). 발견중심의 유아과학교육. 서울: 교육아카데미.

김민정(2008). 2세 영아의 과학적 탐구 과정의 의미. 중앙대학교 박사학위논문.

김경미, 김현주, 송연숙(2013). 현장중심 유아과학교육. 서울: 창지사.

김억환, 박은혜 공역(1998). 정신의 도구: 비고츠키 유아교육. 서울: 이화여자대학교 출판부.

김영옥, 백혜리, 최미숙, 황윤세(2009). 아동발달론. 경기: 공동체.

김은정(2002). 탐구적 과학교수-학습법이 소리에 대한 유아의 개념 형성 및 탐구능력에 미치는 영향. 덕성여자대학교 박사학위 논문.

김찬종, 채동현, 임채성(1999). 과학교육학개론. 서울: 북스힐.

김치곤(2012). 유치원과 초등학교 저학년 SMR 과학 교수-학습 모형 개발 및 효과. 중앙대학교 박사학위논문.

남옥선(2006). 음악활동이 영아의 사회 · 정서적 행동에 미치는 영향: 만 2세(25-36개월) 영아를 중심으로. 이화여자대학교 석사학위논문.

문혁준, 김정희, 안선희, 양서은, 임연진, 한세영(2009). 아동발달. 서울: 창지사.

박미자, 정상녀, 박형신(2010). 소집단 협동 탐구활동이 유아의 과학적 탐구능력과 문제해결력에 미치는 영향. 유아교육연구, 30(1), 121-146.

보건복지부(2013). 제3차 어린이집 표준보육과정 해설서. 서울: 보건복지부.

성현란, 이현진, 김혜리, 박영신, 박선미, 유연옥, 손영숙(2004). 인지발달. 서울: 학지사.

안경숙(2003). 유아과학활동과 통합된 과학능력 평가도구의 개발: 과학적 태도, 탐구능력, 과
학적 개념에 대한 평가. 덕성여자대학교 박사학위 논문.

유경숙(1999). 구성주의에 기초한 밀가루 점토활동 구성방식에 따른 유아의 과학적 개념, 과
정기술 및 태도의 차이분석. 중앙대학교 박사학위 논문.

이기현(2013). 자연과 상호작용을 위한 유아과학교육. 서울: 정민사.

이미화, 엄지원, 정주영(2014). 영아보육 질 제고를 위한 평가도구 개발 및 활용방안. 서울: 육
아정책 연구소.

이미화, 이정림, 여종일, 김경미, 김명순, 이경옥, 이완정, 이정욱, 최일선, 최혜영(2012). 「5세
누리과정」 운영에 따른 유아평가 연구: 평가척도 개발. 서울: 육아정책연구소.

이미화, 정주영, 엄지원, 김희정, 김명순, 이경옥, 이완정, 이정욱, 최일선, 최혜영(2013). 3, 4세
누리과정 유아관찰척도 개발. 서울: 육아정책연구소.

이민정, 이연승, 전지형, 강민정, 이해정, 김정희, 전윤숙, 박주연(2012). 유아과학교육. 경기:
공동체.

이숙재(2006). 유아를 위한 놀이의 이론과 실제. 서울: 창지사.

이영자, 신은수, 곽향림, 이정욱(2006). 1, 2세 영아프로그램의 계획 및 운영. 서울: 다음세대.

이정욱, 유연화(2005). 유아수학교육. 서울: 정민사.

지성애(2000). 유아놀이지도. 서울: 정민사.

한유미(2010). 유아과학교육. 서울: 창지사.

홍용희 역(1995). 어린이들의 학습에 비계 설정(scaffolding): 비고츠키와 유아교육. 서울: 창
지사.

Berk, L. E., & Winsler, A. (1995). *Scaffolding children's learning: Vygotsky and early
childhood education*. Washington D. C.: NAEYC.

Chaille, C., & Britain, L. (2003). *The young child as scientist: A constructivist approach to
early childhood science education*. Boston, MA: Allyn and Bacon.

Harlan, J. (1980). *Reston virginia: The national of art education*. Reston. Virginia: The
National of Art Education.

Hutt, C. (1976). Exploration and play in children. In J. S. Bruner, A. Jolly, & K. Sylva (Eds.),
*Plays-Its role in development and evolution* (pp. 202-215). New York: Basic.

Lind, K. K. (1996). *Exploring science in early childhood: A developmental approach.* New York: Delmar.

Lind, K. K. (2000). *Exploring science in early childhood education.* New York: Delmar.

Martin, D. J. (1997). *Elementary science methods: A constructive approach.* New York: Delmar.

Sprung, B. (1996). Physics is fun: Physics is important and Physics belongs in the early childhood curriculum. *Young Children, 5195*, 29-33.

Victor, E., & Kellough, R. D. (2000). *Science for the elementary and middle school.* Upper Saddle River, NJ: Merrill Prentice Hall.

Wood, D., Bruner, J. S., & Ross, G. (1976). The role of tutoring in problem solving. *Journal of Child Psychology and Psychiatry. 17*, 89-100.

Worth, K., & Grollman, S. (2003). *Worms, shadows, and whirl pools.* Heinemann, NH: Portsmouth.

Ziman, J. (1976). *The force of knowledge.* New York, NY: Cambridge University Press.

찾아보기

# 저자 소개

**김혜금**(Kim Hye-gum)

연세대학교 대학원 문학박사(아동가족학과/유아교육 전공)
현 동남보건대학교 보육과 교수


**임양미**(Lim Yang-mi)

연세대학교 대학원 문학박사(아동가족학과/유아교육 전공)
현 전주대학교 사범대학 가정교육과 교수


**김혜경**(Kim Hye-kyung)

숙명여자대학교 아동복지학과 대학원 박사과정 수료(보육과 교육 전공)
현 락앤락 샛별어린이집 원장

표준보육과정/누리과정에 기초한
# 놀이중심 영유아 과학교육
## Based on National Standard Child Care Curriculum
Play-centered Early Childhood Science Education

2016년 1월 15일 1판 1쇄 발행
2019년 10월 10일 1판 2쇄 발행

지은이 • 김혜금 · 임양미 · 김혜경
펴낸이 • 김 진 환
펴낸곳 • (주) **학지사**

　　　　　04031 서울특별시 마포구 양화로 15길 20 마인드월드빌딩 5층
대표전화 • 02) 330-5114　　　팩스 • 02) 324-2345
등록번호 • 제313-2006-000265호

홈페이지 • http://www.hakjisa.co.kr
페이스북 • https://www.facebook.com/hakjisabook

ISBN 978-89-997-0841-1 93370

정가 **18,000원**

이 도서의 국립중앙도서관 출판시도서목록(CIP)은 서지정보유통지원시스템
홈페이지(http://seoji.nl.go.kr)와 국가자료공동목록시스템(http://www.nl.go.kr/kolisnet)
에서 이용하실 수 있습니다.
(CIP제어번호: CIP2015029604)

출판 · 교육 · 미디어기업 **학지사**

간호보건의학출판 **학지사메디컬** www.hakjisamd.co.kr
심리검사연구소 **인싸이트** www.inpsyt.co.kr
학술논문서비스 **뉴논문** www.newnonmun.com
원격교육연수원 **카운피아** www.counpia.com